Stefan Stelzhammer

**Die Kündigungsfibel
- Versicherungen ausmisten**

Copyright © [2024]
[Stefan Stelzhammer]

Alle Rechte vorbehalten.

Die Rechte des hier dargestellten Buches liegen ausschließlich beim Verfasser. Eine Verwendung oder Verarbeitung des Textes ist untersagt und bedarf in Ausnahmefällen einer klaren Zustimmung des Verfassers.

ISBN: 9798340025043

INHALT

Vorwort 6
Buchwidmung 7
Brief an den Leser 8
Einleitung 9
Grundlagen der Versicherungen 11
Definition und Zweck von Versicherungen 12
eigene Versicherungen analysieren 15
Grundlagen zur Versicherungsprüfung 17
Fragen zu eigenen Versicherungssituation 19
Welche Versicherungen habe ich? 21
Welche Risiken sind abgedeckt? 23
Welche Bedürfnisse habe ich? 24
Checkliste zur Überprüfung der Versicherungen 26
Überprüfung der Versicherungsverträge 29
Kriterien für die Kündigung 32
Kosten und Nutzen bewerten 34
Preis / Leistungsverhältnis 36
Häufige Kündigungsgründe 39
Wechsel zur besseren Alternative 41
Veränderte Lebensumstände 43
Unzufriedenheit mit der Versicherung 45
Der Kündigungsprozess 48
Fristen und gesetzliche Vorgaben 50
Die richtige Form der Kündigung 52

Schriftform vs. elektronische Kündigung 54

Wichtige Angaben in der Kündigung 57

Bestätigung der Kündigung einholen 60

Neue Versicherungen auswählen 62

Kriterien für den Abschluss 64

Vergleich von Anbietern 67

Online Vergleichsportale 70

Tipps zur nachhaltigen Verischerungsführung 73

Regelmäßige Prüfungen der Versicherungen 76

Erstellung eines Versicherungsplanes 79

Versteckte Kosten 82

Musterbriefe 85

Fragen und Antworten 91

Schlusswort 94

Meine Internetpräsenz 95

Vorwort

Als Mediator habe ich mich auf die Vermittlung von Konflikten spezialisiert. Mein Ziel ist es, eine Win-Win-Situation für alle Beteiligten zu schaffen und langfristige Lösungen zu finden.

In meiner Arbeit als Mediator setze ich auf Empathie und Verständnis für beide Seiten. Ich höre aktiv zu und versuche, die Bedürfnisse aller Parteien herauszufinden. Dabei achte ich darauf, dass jeder seine Perspektive darlegen kann und sich gehört fühlt.

Durch gezielte Fragen bringe ich Klarheit in den Konfliktverlauf und erarbeite gemeinsam mit den Beteiligten mögliche Lösungsansätze. Hierbei lege ich großen Wert darauf, dass diese realistisch umsetzbar sind.

Meine Erfahrung zeigt mir immer wieder: Eine erfolgreiche Konfliktlösung basiert auf einer offenen Kommunikation sowie dem Willen beider Seiten zur Zusammenarbeit.

Da ich, neben meiner Tätigkeit als Mediator auch fertigausgebildeter und erfahrener Versicherungs- und Vermögensberater bin, kann ich Ihnen in jeder Lebenslage unterstützend zur Seite stehen.

Als neutraler Dritter stehe ich Ihnen somit gerne und überall zur Seite - kontaktieren Sie mich einfach!

Buchwidmung

Für all jene, die das Gefühl haben, in den unübersichtlichen Weiten des Versicherungssystems verloren zu sein.

Diese Fibel widme ich denjenigen, die sich mit ihren Polizzen unzufrieden fühlen und den Mut haben, sich von überflüssigem Ballast zu befreien.

An alle, die im Schatten der scheinbaren Sicherheit die wahren Gesichter der Versicherungen erkannt haben und die Enttäuschungen in der Schadensregulierung erfahren mussten.

Möge dieses Buch Ihnen den Weg zu einem klaren, transparenten und effektiven Versicherungsschutz weisen. Ihr Vertrauen in die richtigen Entscheidungen soll wiederhergestellt werden.

Brief an den Leser

Liebe Leserinnen und Leser,

ich freue mich, Ihnen mein Buch mit dem Titel „Die Kündigungsfibel – Versicherungen ausmisten" vorzustellen. In einer Welt, die von ständig wechselnden Versicherungsangeboten und oftmals unübersichtlichen Bedingungen geprägt ist, möchte ich Ihnen einen klaren Leitfaden bieten, um sich in dieser Materie besser zurechtzufinden.

Dieses Buch richtet sich an alle, die mit ihren bestehenden Versicherungen unzufrieden sind und nach Lösungen suchen, um sich von überflüssigen oder unvorteilhaften Polizzen zu trennen. Darüber hinaus widme ich mich denjenigen, die in der Vergangenheit enttäuscht wurden, als sie das wahre Gesicht der Versicherungsbranche bei der Schadensregulierung kennengelernt haben.

„Die Kündigungsfibel" bietet Ihnen nicht nur praktische Tipps zur Kündigung und Neuausrichtung Ihrer Versicherungen, sondern auch wertvolle Hinweise zur Auswahl von Anbietern, die Ihnen tatsächlich den gewünschten Schutz bieten. Mein Ziel ist es, Ihnen zu helfen, Ihre Versicherungssituation zu durchleuchten und das Beste aus Ihren Entscheidungen herauszuholen.

Für Rückfragen oder Anmerkungen stehe ich Ihnen jederzeit gerne zur Verfügung.

Viel Spaß beim Lesen!

Ihr Stefan Stelzhammer

Einleitung

In einer komplexen Welt, in der Versicherungen oft als unverzichtbare Sicherheitsnetze wahrgenommen werden, kann es leicht passieren, dass wir den Überblick verlieren. Viele von uns haben im Laufe der Jahre eine Vielzahl von Polizzen abgeschlossen, häufig ohne die genauen Bedingungen und Leistungen zu hinterfragen. Während wir uns darauf verlassen, dass unsere Versicherungen uns im Schadensfall schützen, erleben viele von uns die ernüchternde Erkenntnis, dass diese Verträge nicht immer das halten, was sie versprechen.

„Die Kündigungsfibel – Versicherungen ausmisten" soll Ihnen helfen, sich in dieser verworrenen Materie zurechtzufinden. Dieses Buch richtet sich an all jene, die mit ihren bestehenden Versicherungen unzufrieden sind und sich von überflüssigem Ballast befreien möchten. Durch den gezielten Blick auf Ihre Verträge und die klaren Anleitungen zur Kündigung möchten wir Ihnen die notwendigen Werkzeuge an die Hand geben, um Entscheidungen zu treffen, die Sie tatsächlich schützen und unterstützen.

Zusätzlich beleuchten wir die Herausforderungen, die viele Verbraucher bei der Schadensregulierung erfahren haben. Diese Geschichten und Erfahrungen sollen Sie ermutigen und Ihnen die Augen öffnen für die Tücken im Umgang mit Versicherungen.

Denn es ist an der Zeit, das oft undurchsichtige Geplänkel der Branche hinter sich zu lassen und selbstbewusst die Kontrolle über Ihre Versicherungen zu übernehmen.

In diesem Buch finden Sie praktische Tipps, Schritt-für-Schritt-Anleitungen und wertvolle Einblicke, die Ihnen helfen, Ihre Versicherungssituation zu optimieren. Lassen Sie uns gemeinsam den Prozess des „Ausmistens" angehen und einen klaren, transparenten Weg zu einem besseren Versicherungsschutz beschreiten. Ihr Vertrauen und Ihre Sicherheit stehen an erster Stelle – und dieses Buch wird Ihnen dabei helfen, beides zurückzugewinnen.

Grundlagen der Versicherungen

Versicherungen sind Verträge, die zwischen einem Versicherungsnehmer und einem Versicherungsunternehmen geschlossen werden. Ziel dieser Verträge ist es, den Versicherungsnehmer gegen bestimmte Risiken abzusichern. Die Grundprinzipien der Versicherung beruhen auf der Schadenverteilung und der Risikostreuung. Dies bedeutet, dass viele Versicherungsnehmer Beiträge zahlen, um im Falle eines Schadens unterstützt zu werden. Durch diese gemeinschaftliche Absicherung wird das individuelle Risiko minimiert.

Ein zentrales Konzept innerhalb der Versicherungen ist der Begriff der Prämie. Die Prämie ist der Betrag, den der Versicherungsnehmer regelmäßig an das Versicherungsunternehmen zahlt. Diese Zahlung bildet die Grundlage für die Vertragserfüllung des Versicherers, die im Schadenfall eintreten kann. Die Höhe der Prämie richtet sich nach verschiedenen Faktoren, darunter das versicherte Risiko, die Versicherungssumme und das individuelle Schadenrisiko des Versicherungsnehmers.

Zusätzlich zu Prämien sind auch Selbstbehalte ein wichtiges Element. Der Selbstbehalt ist der Betrag, den der Versicherungsnehmer im Schadensfall selbst trägt, bevor die Versicherung eintritt.

Diese Regelung dient sowohl zur Kostenkontrolle für das Versicherungsunternehmen als auch zur Förderung eines verantwortungsvollen Verhaltens seitens des Versicherungsnehmers, da dieser bei der Inanspruchnahme von Versicherungsleistungen einen finanziellen Anreiz hat, Schäden zu vermeiden.

Es gibt verschiedene Arten von Versicherungen, die jeweils spezielle Risiken abdecken. Dazu gehören beispielsweise die Haftpflichtversicherung, die den Versicherungsnehmer gegen Ansprüche Dritter absichert, sowie die Krankenversicherung, die medizinische Kosten übernimmt. Weitere wichtige Versicherungsarten sind die Lebensversicherung, die berufliche Altersvorsorge und die Sachversicherung, die physische Vermögenswerte schützt.

Die Wahl der richtigen Versicherung hängt von den individuellen Bedürfnissen und Lebensumständen des Versicherungsnehmers ab.

Versicherungen bieten nicht nur finanzielle Sicherheit, sondern unterstützen auch die Stabilität des individuellen und gesamtwirtschaftlichen Systems, indem sie Risiken planen und managen. Für eine fundierte Entscheidung ist es ratsam, die verschiedenen Angebote eingehend zu vergleichen und gegebenenfalls eine professionelle Beratung in Anspruch zu nehmen.

Definition und Zweck von Versicherungen

Versicherungen sind vertragliche Vereinbarungen, die darauf abzielen, das Risiko von finanziellen Verlusten durch unvorhergesehene Ereignisse zu minimieren. Sie werden zwischen einem Versicherungsnehmer und einem Versicherungsunternehmen abgeschlossen, wobei der Versicherungsnehmer regelmäßige Prämien zahlt.

Im Gegenzug verpflichtet sich das Versicherungsunternehmen, im Falle eines Schadens oder Verlustes finanzielle Entschädigungen gemäß den Vertragsbedingungen zu leisten. Diese Verträge können eine Vielzahl von Risiken abdecken, darunter gesundheitliche, materielle oder haftungsrechtliche Aspekte.

Der Hauptzweck von Versicherungen liegt in der Risikostreuung. Durch die Zusammenfassung von Risiken vieler Versicherungsnehmer wird es dem Versicherungsunternehmen ermöglicht, die finanziellen Auswirkungen einzelner Schadensfälle besser zu bewältigen. Das Konzept der Risikopoolung sorgt dafür, dass die Prämien vieler Versicherungsnehmer genutzt werden, um Schäden zu decken, wodurch die finanzielle Belastung für den Einzelnen reduziert wird. Diese Struktur schafft ein Gefühl der Sicherheit und Stabilität, sowohl für den Einzelnen als auch für die Gesellschaft als Ganzes.

Ein weiterer wesentlicher Zweck von Versicherungen besteht darin, wirtschaftliche Unsicherheiten zu beseitigen und den Versicherten in Krisensituationen Unterstützung zu bieten. Im Falle eines Schadens, sei es durch einen Unfall, Krankheit oder Naturkatastrophen, können Versicherungsleistungen eine existenzielle Absicherung bieten, indem sie die finanziellen Folgen abmildern. Dies fördert nicht nur die individuelle Sicherheit, sondern trägt auch zur gesamtgesellschaftlichen Stabilität bei, da durch Versicherungszahlungen Konsum und Investitionen aufrechterhalten werden können, selbst in Zeiten wirtschaftlicher Unsicherheit.

Darüber hinaus spielen Versicherungen eine bedeutende Rolle bei der Planung und Absicherung der persönlichen sowie unternehmerischen Finanzen. Sie ermöglichen es Individuen und Unternehmen, Risiken berechnet einzugehen und langfristige Ziele zu verfolgen, ohne die Sorge um plötzliche finanzielle Engpässe. In diesem Kontext fungieren Versicherungen als Instrument der Risikomanagementstrategie und unterstützen sowohl die private als auch die öffentliche Wirtschaft. Letztlich trägt die Versicherung dazu bei, eine gesunde Risikokultur zu fördern, in der Risiken erkannt, bewertet und angemessen behandelt werden.

eigene Versicherungen analysieren

Die Analyse eigener Versicherungen ist ein wesentlicher Schritt, um sicherzustellen, dass der bestehende Versicherungsschutz den aktuellen Bedürfnissen und Lebensumständen entspricht. Durch diese sorgfältige Überprüfung kann nicht nur eine Unter- oder Überversicherung vermieden werden, sondern auch eine Kostenoptimierung erreicht werden.

Zu Beginn dieser Analyse sollten alle bestehenden Versicherungsverträge systematisch zusammengetragen werden. Dazu zählen Lebens-, Kranken-, Unfall-, Haftpflicht- und Sachversicherungen, um einen umfassenden Überblick über den persönlichen Versicherungsstatus zu erhalten.

Im nächsten Schritt ist es wichtig, die einzelnen Versicherungsverträge auf ihre Deckungssummen, Prämien, Selbstbehalte und Vertragsbedingungen hin zu überprüfen.

Besondere Aufmerksamkeit sollte dabei den Ausschlüssen und Einschränkungen gewidmet werden, die in den Verträgen festgelegt sind. Diese Faktoren sind entscheidend, um zu verstehen, inwieweit der bestehende Versicherungsschutz tatsächlich den individuellen Bedürfnissen gerecht wird.

Beispielsweise kann sich aufgrund veränderter Lebensumstände, wie der Gründung einer Familie oder einer beruflichen Neuorientierung, der Bedarf an unterschiedlichen Versicherungsarten ändern.

Ein weiterer zentraler Aspekt der Analyse ist die kritische Betrachtung der Versicherungsprämien. Oftmals können durch den Vergleich von Tarifen verschiedener Anbieter Einsparungen erzielt werden.

Hierbei ist es ratsam, sowohl die Preis-Leistungs-Verhältnisse als auch eventuelle Zusatzleistungen zu berücksichtigen. Ein Wechsel zu einem anderen Versicherer kann in vielen Fällen eine kosteneffiziente Lösung bieten, während gleichzeitig ein adäquater Versicherungsschutz gewährleistet bleibt. Zudem sollte der Versicherungsbedarf regelmäßig an Änderungen in der Lebenssituation oder an neue rechtliche Vorgaben angepasst werden.

Nachdem die Analyse abgeschlossen ist, ist es sinnvoll, die gewonnenen Erkenntnisse in einem strukturierten Versicherungsportfolio zusammenzufassen. Dieses Portfolio kann als Grundlage für Gespräche mit einem Versicherungsmakler oder einem Finanzberater dienen, um gegebenenfalls Anpassungen an bestehenden Verträgen vorzunehmen oder neue Versicherungen abzuschließen.

Eine regelmäßige Kontrolle und Anpassung der eigenen Versicherungen ist entscheidend, um eine fortlaufende Sicherheit und Finanzstabilität zu gewährleisten. Somit stellt die Analyse eigener Versicherungen einen proaktiven Ansatz dar, um die persönliche Risikosituation optimal zu managen und auf Veränderungen im Lebensumfeld angemessen zu reagieren.

Im Gespräch mit einem Versicherungs- oder Finanzberater ist es von wesentlicher Bedeutung, dessen Qualifikationen zu hinterfragen. Informieren Sie sich, ob der Berater als Versicherungsagent, Vermögensberater oder Akademischer Finanzdienstleister tätig ist und ob er die BÖV-Prüfung (Bildungswerk Österreichischer Versicherungswirtschaft) abgelegt hat. Fehlt eine dieser Qualifikationen, sollten Sie kritisch hinterfragen, ob der Berater über die notwendige Fachkompetenz verfügt, insbesondere da Versicherungsberatungen in der Regel einen hohen Beratungsaufwand erfordern.

Grundlagen zur Versicherungsprüfung

Die Versicherungsprüfung ist ein entscheidender Prozess, der sicherstellt, dass Versicherungsverträge ordnungsgemäß gestaltet, transparent und den gesetzlichen Vorgaben entsprechend sind. Ziel der Prüfung ist es, sowohl die Compliance der Versicherungsunternehmen gegenüber den gesetzlichen Bestimmungen als auch die Berechtigung der Versicherungsnehmer zur Inanspruchnahme von Leistungen zu überprüfen. Eine gründliche und systematische Versicherungsprüfung trägt zur Wahrung von Vertrauen und Transparenz im Versicherungsgeschäft bei.

Ein zentraler Bestandteil der Versicherungsprüfung ist die Überprüfung der Policen auf ihre rechtlichen und vertraglichen Rahmenbedingungen.

Dies umfasst die Bewertung aller Vertragsunterlagen, um sicherzustellen, dass die Bedingungen klar definiert sind und keine unangemessenen oder unlauteren Klauseln enthalten.

Besondere Aufmerksamkeit sollte dabei den Informationspflichten des Versicherungsunternehmens gegenüber dem Versicherungsnehmer gewidmet werden, um sicherzustellen, dass alle relevanten Informationen verständlich und rechtzeitig bereitgestellt wurden.

Ein weiterer wichtiger Aspekt der Versicherungsprüfung ist die Analyse der Berechnungen, die der Prämienfestsetzung zugrunde liegen. Hierbei wird die Angemessenheit der Tarifgestaltung sowie die Methodik zur Ermittlung von Risikoprofilen überprüft. Ein transparenter und nachvollziehbarer Bewertungsprozess ist essentiell, um sicherzustellen, dass die Prämien den realen Risiken gerecht werden und nicht willkürlich oder diskriminierend festgelegt sind. Eine solche Analyse fördert die Nachhaltigkeit und Stabilität des Versicherungssystems.

Darüber hinaus ist es entscheidend, die Leistungsfähigkeit und finanzielle Stabilität des Versicherungsunternehmens eingehend zu bewerten. Es empfiehlt sich, auf etablierte Großversicherungen zurückzugreifen und regionale Anbieter eher zu meiden. Dies kann insbesondere bei der Schadenregulierung für den Versicherungsnehmer von erheblichem Vorteil sein.

Fragen zu eigenen Versicherungssituation

Die persönliche Versicherungssituation regelmäßig zu hinterfragen, ist ein wesentlicher Schritt zur Sicherstellung eines optimalen Versicherungsschutzes. Bei der Analyse der eigenen Versicherungen sollten zunächst grundlegende Fragen gestellt werden, die Aufschluss über den aktuellen Bedarf und die bestehenden Polizzen geben. Eine zentrale Frage könnte sein: „Welche Risiken möchte ich absichern?" Hierbei ist es wichtig, die individuellen Lebensumstände, beruflichen Situationen und familiären Verpflichtungen in Betracht zu ziehen, um maßgeschneiderte Lösungen zu finden.

Eine weitere entscheidende Frage betrifft die Wirksamkeit der bestehenden Polizzen: „Entspricht mein aktueller Versicherungsschutz meinen Bedürfnissen?" Oftmals ändern sich Lebensumstände – wie die Geburt eines Kindes, ein Jobwechsel oder der Erwerb eines Eigenheims – was eine Überprüfung und Anpassung des Versicherungsschutzes erforderlich machen kann. Es empfiehlt sich, alle Versicherungspolicen daraufhin zu überprüfen, ob die bestehenden Deckungssummen und Bedingungen auch bei veränderten Rahmenbedingungen noch sinnvoll sind.

Zusätzlich sollte hinterfragt werden, ob das Preis-Leistungs-Verhältnis der bestehenden Versicherungen angemessen ist: „Zahle ich angemessene Prämien für den gebotenen Schutz?" Ein Vergleich der Prämien und Leistungen mit anderen Anbietern kann helfen, potenzielle Einsparungen zu erkennen.

Dabei sollten auch die Vertragsbedingungen und etwaige zusätzliche Dienstleistungen im Auge behalten werden, um ein umfassendes Verständnis der Angebote zu erhalten.

Ein weiterer relevanter Aspekt ist die Fragestellung: „Bin ich über ausreichend Zusatzleistungen abgesichert?" Viele Versicherungen bieten optionale Zusatzleistungen an, die unter bestimmten Umständen von großem Nutzen sein können. Dazu zählen beispielsweise optionsweise Bausteine in der Krankenversicherung oder eine erweiterte Haftpflichtversicherung. Die Prüfung dieser Optionen kann entscheidende Vorteile im Schadensfall bieten und sollte Teil der Überlegungen zur eigenen Versicherungssituation sein.

Schließlich ist es empfehlenswert, sich folgende Frage zu stellen: „Wie gut bin ich über meine Rechte und Pflichten als Versicherungsnehmer informiert?" Ein fundiertes Wissen über die eigenen Versicherungsverträge und die damit verbundenen Bedingungen ist entscheidend, um im Bedarfsfall richtig handeln zu können. Das Verständnis über Kündigungsfristen, Schadenmeldungen und Ansprechpartner im Versicherungsunternehmen kann die Effizienz der Schadenabwicklung erheblich verbessern. Eine regelmäßige Auseinandersetzung mit diesen Fragen fördert nicht nur das persönliche Risikomanagement, sondern stellt auch sicher, dass die eigene Versicherungssituation jederzeit angemessen und bedarfsgerecht bleibt.

Welche Versicherungen habe ich?

Die Frage „Welche Versicherungen habe ich?" ist von grundlegender Bedeutung für das persönliche Risikomanagement und die finanzielle Planung. Um eine vollständige Übersicht über den individuellen Versicherungsschutz zu erhalten, ist es wichtig, alle bestehenden Polizzen systematisch zu erfassen und zu dokumentieren. Dazu zählt eine Vielzahl von Versicherungsarten, die je nach Lebenssituation und Bedürfnissen variieren können. Typische Versicherungen sind unter anderem die Haftpflicht-, Kranken-, Lebens-, und Sachversicherung.

Die Haftpflichtversicherung ist eine der wichtigsten Versicherungen, da sie den Versicherungsnehmer vor finanziellen Ansprüchen Dritter schützt, die aus Schadensereignissen resultieren, für die er verantwortlich ist. Es ist ratsam, alle Bestandteile der Haftpflichtversicherung zu überprüfen, einschließlich der Deckungssummen und der abgedeckten Risiken, um sicherzustellen, dass eine umfassende Absicherung besteht. Insbesondere bei besonderen Risiken, wie beispielsweise der Tätigkeit als Selbstständiger oder als Vermieter, sollten zusätzliche Deckungen in Betracht gezogen werden.

Zusätzlich sind Lebensversicherungen, wie die Risikolebens- oder kapitalbildende Lebensversicherung, von Bedeutung, insbesondere wenn Angehörige finanziell abgesichert werden sollen. Eine Überprüfung der bestehenden Verträge auf die Höhe der Versicherungssummen, die Laufzeiten und die Vertragsbedingungen kann entscheidende Informationen für die finanzielle Planung liefern.

Des Weiteren sollten Sachversicherungen, wie die Wohngebäude- oder Hausratversicherung, genauestens analysiert werden. Diese Versicherungen bieten Schutz gegen Schäden, die an den eigenen Besitztümern entstehen können, sei es durch Feuer, Einbruchdiebstahl oder Naturgewalten. Die Versicherungssummen sollten idealerweise dem Wert der versicherten Objekte angepasst sein, um im Schadensfall eine adäquate Entschädigung zu gewährleisten.

Um eine vollständige Übersicht über den eigenen Versicherungsschutz zu erhalten und mögliche Lücken zu identifizieren, empfiehlt es sich, alle Versicherungsverträge in einem sogenannten Versicherungsportfolio zu dokumentieren. Dieses Dokument sollte regelmäßig aktualisiert werden, um sicherzustellen, dass alle Policen den aktuellen Lebensumständen und -bedürfnissen entsprechen. Eine solche Übersicht fördert nicht nur die eigene Sicherheit, sondern sorgt auch dafür, dass im Schadensfall schnell und zielgerichtet gehandelt werden kann.

Welche Risiken sind abgedeckt?

Die Frage, welche Risiken durch die eigenen Versicherungen abgedeckt sind, ist von zentraler Bedeutung für eine umfassende Risikoanalyse und -bewertung. Verschiedene Versicherungsarten bieten Schutz gegen spezifische Risiken, und es ist wichtig, die Details der jeweiligen Policen genau zu kennen. Eine fundierte Kenntnis dieser Aspekte ermöglicht es, im Schadensfall optimal vorbereitet zu sein und die bestmögliche Entschädigung zu erhalten.

Eine der grundlegendsten Versicherungen ist die Haftpflichtversicherung, die in der Regel zahlreiche verschiedene Risiken abdeckt. Sie schützt den Versicherungsnehmer vor finanziellen Forderungen Dritter, die aufgrund von Schäden entstehen, die er verursacht hat. Dazu zählen Personenschäden, Sachschäden und Vermögensschäden. Gegebenenfalls sollte auch geprüft werden, ob spezielle Aspekte wie z. B. Tätigkeiten im Internet oder aus einem Hobby heraus, wie Fotografie oder Handwerken, angemessen abgedeckt sind.

Im Bereich der Sachversicherungen, wie der Hausrat- oder Wohngebäudeversicherung, sind die abgedeckten Risiken ebenfalls entscheidend. Diese Versicherungen bieten üblicherweise Schutz gegen Schäden durch Feuer, Wasser, Sturm oder Einbruchdiebstahl. Es ist jedoch ratsam, die individuellen Vertragsbedingungen zu überprüfen, um sicherzustellen, dass alle relevanten Risiken abgedeckt sind. Beispielsweise kann es notwendig sein, zusätzliche Policen abzuschließen, um Schutz gegen Elementarschäden, wie Überschwemmungen oder Erdbeben, zu gewährleisten.

Letztlich sind auch besondere Versicherungen, wie etwa eine Berufsunfähigkeitsversicherung, von Bedeutung, um spezifische Risiken abzudecken. Diese Art von Versicherung bietet finanzielle Absicherung, falls der Versicherungsnehmer aufgrund von Krankheit oder Unfall nicht mehr in der Lage ist, seinen Beruf auszuüben. Hierbei ist es wichtig, die Definition der Berufsunfähigkeit sowie die Höhe der monatlichen Rentenzahlungen zu verstehen.

Um eine fundierte Entscheidung über den erforderlichen Versicherungsschutz zu treffen, ist eine detaillierte Analyse der abgedeckten Risiken unerlässlich. Es empfiehlt sich, die Versicherungsverträge regelmäßig zu überprüfen und gegebenenfalls Anpassungen vorzunehmen, um sicherzustellen, dass alle relevanten Risiken angemessen abgesichert sind. Eine informierte Herangehensweise an diese Thematik fördert nicht nur die persönliche Sicherheit, sondern trägt auch zu einer stabilen und gesunden finanziellen Planung bei.

Welche Bedürfnisse habe ich?

Die Identifizierung persönlicher Bedürfnisse ist ein entscheidender Schritt bei der Auswahl und Anpassung von Versicherungen. Jedes Individuum hat unterschiedliche Lebensumstände, Ziele und Risikoverhalten, die seine spezifischen Versicherungsbedürfnisse prägen. Eine gründliche Selbstreflexion und Analyse dieser Bedürfnisse ist daher unerlässlich, um sicherzustellen, dass der Versicherungsschutz optimal zur persönlichen Situation passt.

Zu Beginn der Bedarfsanalyse sollten grundlegende Fragen zu den Lebensumständen gestellt werden: Welche Lebensphase durchlaufe ich derzeit? Sind Familienangehörige oder finanzielle Verpflichtungen, wie ein Hypothekendarlehen, zu berücksichtigen? Junge Familien können beispielsweise einen erhöhten Bedarf an Risikolebensversicherungen haben, um die finanzielle Zukunft ihrer Angehörigen im Falle eines frühen Ablebens abzusichern. In solchen Fällen bieten Versicherungen eine wichtige Sicherheitsnetzfunktion und tragen zur Stabilität des Lebensstandards bei.

Zudem sollten individuelle Gesundheitsfaktoren und eventuelle Vorerkrankungen in Betracht gezogen werden. Eine umfassende Krankenversicherung, die sowohl ambulante als auch stationäre Behandlungen abdeckt, kann von großer Bedeutung sein. Versicherte sollten auch über ihre eigenen Ansprüche und Präferenzen hinsichtlich der medizinischen Versorgung nachdenken – etwa ob sie Wert auf eine private Behandlung oder eine Chefarztbehandlung legen. Diese Überlegungen beeinflussen die Wahl zwischen gesetzlicher und privater Krankenversicherung und sollten im Entscheidungsprozess ebenso berücksichtigt werden.

Im Rahmen der beruflichen Absicherung ist es entscheidend, potenzielle Risiken zu identifizieren, die mit der eigenen Tätigkeit verbunden sind. Personen in Berufen, die eine höhere Unfallwahrscheinlichkeit aufweisen, könnten beispielsweise besonderen Wert auf eine umfassende Unfallversicherung legen. Auch eine Berufsunfähigkeitsversicherung sollte in Erwägung gezogen werden, insbesondere wenn man in einem körperlich anspruchsvollen Beruf tätig ist, um im Falle einer beruflichen Erkrankung oder Verletzung abgesichert zu sein.

Letztlich ist es ratsam, auch zukünftige Planungen in die Bedarfsanalyse einzubeziehen. Geplante Lebensereignisse wie der Kauf eines Eigenheims, die Gründung eines Unternehmens oder das Sparen für die Ausbildung der Kinder erfordern einen angepassten Versicherungsschutz. Hierbei könnten Verträge wie eine Wohngebäudeversicherung oder eine Unternehmens- und Berufs-Haftpflichtversicherung von Bedeutung sein.

Die Ermittlung der eigenen Bedürfnisse ist ein dynamischer Prozess, der regelmäßig überprüft und angepasst werden sollte. Die Ansprüche und Lebensverhältnisse können sich im Laufe der Zeit verändern, wodurch auch die erforderlichen Versicherungen kontinuierlich evaluiert werden müssen. Ein proaktives und vorausschauendes Vorgehen in Bezug auf die eigenen Bedürfnisse trägt dazu bei, einen maßgeschneiderten Versicherungsschutz sicherzustellen, der nicht nur die gegenwärtige Situation abdeckt, sondern auch auf zukünftige Entwicklungen vorbereitet ist.

Checkliste zur Überprüfung der Versicherungen

Die regelmäßige Überprüfung der eigenen Versicherungen ist entscheidend, um sicherzustellen, dass der bestehende Versicherungsschutz den aktuellen Bedürfnissen und Lebensumständen entspricht. Eine strukturierte Checkliste kann dabei helfen, alle relevanten Punkte systematisch abzuarbeiten und somit eine fundierte Analyse der eigenen Versicherungssituation vorzunehmen.

1. Versicherungsverträge auflisten: Beginnen Sie mit einer vollständigen Auflistung aller bestehenden Versicherungsverträge, einschließlich Haftpflicht-, Kranken-, Lebens-, Renten-, Unfall- und Sachversicherungen. Notieren Sie die Vertragsnummern, Prämienhöhen, Deckungssummen und Ablaufdaten. Diese Übersicht ermöglicht es Ihnen, den gesamten Versicherungsschutz auf einen Blick zu sehen.

2. Bedarf analysieren: Überprüfen Sie Ihre aktuellen Bedürfnisse. Fragen Sie sich, ob sich Ihre Lebenssituation seit dem Abschluss der Verträge verändert hat. Dazu gehören Aspekte wie Heirat, Geburt eines Kindes, Jobwechsel oder der Erwerb von Eigentum. Solche Veränderungen können erheblichen Einfluss auf den erforderlichen Versicherungsschutz haben.

3. Leistungen prüfen: Analysieren Sie die Leistungen jeder Versicherungspolice. Stellen Sie sicher, dass die abgedeckten Risiken und Leistungen Ihren individuellen Bedürfnissen entsprechen. Achten Sie particulièrement auf eventuelle Ausschlüsse oder Einschränkungen im Vertrag, die im Schadensfall relevant sein könnten.

4. Prämien vergleichen: Überprüfen Sie, ob die gezahlten Prämien angemessen sind. Ein Preis-Leistungs-Vergleich mit anderen Anbietern kann helfen, potenzielle Einsparungen zu identifizieren. Vergessen Sie nicht, auch die Leistungen der möglichen Alternativen zu berücksichtigen, um sicherzustellen, dass Sie nicht nur einen günstigen, sondern auch einen adäquaten Versicherungsschutz erhalten.

5. Selbstbehalte und Rückstellungen: Prüfen Sie die Höhe der Selbstbehalte in Ihren Policen. Ein höherer Selbstbehalt kann zu niedrigeren Prämien führen, bedeutet jedoch auch, dass Sie im Schadensfall einen größeren Anteil selbst tragen müssen. Stellen Sie sicher, dass Ihre finanzielle Situation es Ihnen erlaubt, eventuelle Selbstbehalte im Ernstfall zu begleichen.

6. Finanzielle Stabilität des Versicherers: Informieren Sie sich über die finanzielle Stabilität Ihres Versicherungsunternehmens. Ratings von unabhängigen Agenturen können Ihnen helfen, die Bonität der Gesellschaft einzuschätzen. Eine stabile Versicherungsgesellschaft ist essenziell, um im Schadensfall die zugesagten Leistungen zuverlässig zu erhalten.

7. Rechtliche Änderungen berücksichtigen: Halten Sie sich über Änderungen in der gesetzlichen Lage und Anforderung im Versicherungsbereich informiert. Oftmals gibt es gesetzliche Änderungen, die auch Auswirkungen auf bestehende Versicherungspolicen haben können, wie etwa Anpassungen bei der Altersvorsorge oder Ausweitung des Leistungsspektrums in der Krankenversicherung.

8. Beratung in Anspruch nehmen: Ziehen Sie gegebenenfalls die Unterstützung eines Versicherungsmaklers oder eines Finanzberaters in Betracht. Diese Fachleute können Ihnen wertvolle Informationen liefern, um die Effektivität Ihres Versicherungsschutzes zu maximieren und neue, passende Versicherungsoptionen zu finden.

Die Verwendung dieser Checkliste zur Überprüfung der eigenen Versicherungen kann dazu beitragen, Sicherheit und Transparenz in der persönlichen Finanzplanung zu gewährleisten. Eine regelmäßige Überprüfung ist essenziell, um im Fall der Fälle optimal abgesichert zu sein und jederzeit auf Veränderungen in der Lebensrealität reagieren zu können.

Überprüfung der Versicherungsverträge

Nachdem wir einen umfassenden Überblick über unsere bestehenden Versicherungsverträge gewonnen haben, ist es nun an der Zeit, jede einzelne Versicherung genauer zu überprüfen.

Dieser Schritt ist entscheidend, um festzustellen, ob die jeweiligen Policen tatsächlich notwendig sind, ob der gewählte Vertragspartner der geeignete ist und ob möglicherweise bessere Alternativen zur Verfügung stehen.

Beginnen Sie mit der Evaluierung jeder einzelnen Versicherung. Fragen Sie sich, ob der Schutz, den die Police bietet, Ihrem aktuellen Lebensstil und Ihren finanziellen Bedürfnissen entspricht. Berücksichtigen Sie dabei auch mögliche Lebensereignisse, die sich seit dem Abschluss der Versicherung ergeben haben, wie beispielsweise eine Änderung des Berufs, Familienzuwachs oder Eigentumserwerb. Identifizieren Sie Polizzen, die möglicherweise überflüssig geworden sind oder deren Deckungssumme nicht mehr angemessen ist.

Im nächsten Schritt gilt es, die Eignung des aktuellen Vertragspartners zu prüfen. Berücksichtigen Sie hierbei Aspekte wie die finanzielle Stabilität des Unternehmens, die Kundenbewertungen und die Qualität des Kundenservices.

Erforschen Sie, ob das Unternehmen für seine schnelle und faire Schadensregulierung bekannt ist. Diese Zuverlässigkeit spielt eine wesentliche Rolle für die langfristige Lösungsfindung im Ernstfall.

Sollten Sie feststellen, dass die bestehende Versicherung nicht optimal ist, ist es ratsam, gezielt nach Alternativen zu suchen. Nutzen Sie Vergleichsportale oder nehmen Sie Kontakt zu unabhängigen Versicherungsmaklern auf, um verschiedene Angebote zu prüfen.

Achten Sie bei der Bewertung alternativer Versicherungen nicht nur auf die Prämienhöhe, sondern auch auf die enthaltenen Leistungen, die Bedingungen und Ausschlüsse sowie auf die Reputation des Anbieters.

Nachdem Sie die Notwendigkeit der Versicherung, die Eignung des Vertragspartners und potenzielle Alternativen sorgfältig analysiert haben, können Sie fundierte Entscheidungen treffen. Es ist empfehlenswert, Ihre Überlegungen schriftlich festzuhalten und einen Zeitplan für mögliche Anpassungen zu erstellen.

Diese strukturierte Herangehensweise hilft Ihnen, Ihre Versicherungsportfolios effizient zu optimieren und gezielt auf Ihre individuellen Bedürfnisse abzustimmen.

Abschließend lässt sich festhalten, dass eine regelmäßige Überprüfung Ihrer Versicherungsverträge nicht nur dazu beiträgt, finanziellen Schutz zu gewährleisten, sondern auch eine wertvolle Möglichkeit darstellt, Ihre finanziellen Ressourcen gezielt einzusetzen. Betrachten Sie diese Überprüfung als Teil eines kontinuierlichen Prozesses, in dem Ihre Versicherungslösungen stets an Ihre Lebensumstände angepasst werden.

Kriterien für die Kündigung

Die Kündigung einer Versicherungspolizze ist ein bedeutender Schritt, der gut überlegt sein möchte. Verschiedene Kriterien sollten dabei berücksichtigt werden, um sicherzustellen, dass die Entscheidung wohlüberlegt und im besten Interesse des Versicherungsnehmers getroffen wird. Ein systematischer Ansatz kann helfen, die Vor- und Nachteile der Kündigung abzuwägen und eine fundierte Entscheidung zu treffen.

Ein zentrales Kriterium für die Kündigung ist die Überprüfung der aktuellen Bedürfnisse des Versicherten. Hat sich die persönliche Lebenssituation verändert, beispielsweise durch Heirat, Geburt eines Kindes oder Berufswechsel, kann dies einen unmittelbaren Einfluss auf den erforderlichen Versicherungsschutz haben. In solchen Fällen ist es ratsam, zu prüfen, ob die bestehenden Polizzen noch den aktuellen Anforderungen gerecht werden oder ob eine Anpassung oder Kündigung sinnvoll ist.

Ein weiteres wichtiges Kriterium sind die Kosten der Versicherung. Ein Vergleich mit Alternativangeboten kann aufzeigen, ob günstigere oder besser passende Policen auf dem Markt erhältlich sind. Wenn die Prämienhöhe für die erwarteten Leistungen als unangemessen hoch empfunden wird, ist dies ein signifikantes Indiz dafür, eine Kündigung in Betracht zu ziehen. Hierbei sollte auch der Leistungsumfang berücksichtigt werden, um sicherzustellen, dass der gewählte Schutz weiterhin ausreichend ist.

Darüber hinaus sind die Vertragslaufzeiten und Kündigungsfristen der jeweiligen Versicherungspolizzen von Bedeutung. Versicherungsverträge enthalten in der Regel spezifische Fristen, innerhalb derer eine Kündigung erfolgen muss. Es ist daher wichtig, sich über diese Fristen im Klaren zu sein, um eine fristgerechte Kündigung zu ermöglichen und so gegebenenfalls unnötige Kosten zu vermeiden. Bei langfristigen Verträgen kann es auch sinnvoll sein, eine Vertragsübersicht zu erstellen, um wichtige Termine im Blick zu behalten.

Zusätzlich sollten auch die enthaltenen Leistungen und Bedingungen der Polizzen analysiert werden. Gibt es signifikante Ausschlüsse, die im Schadensfall zu überraschenden finanziellen Belastungen führen können? Ist die Versicherung noch aktuell in Bezug auf gesetzliche Anforderungen oder veränderte Marktbedingungen? Diese Faktoren sind ebenfalls entscheidend, um zu entscheiden, ob eine Kündigung sinnvoll ist.

Die Entscheidung zur Kündigung einer Versicherung sollte gut durchdacht sein und auf einer umfassenden Analyse basieren. Eine sorgfältige Berücksichtigung der genannten Kriterien trägt dazu bei, sowohl kurzfristige als auch langfristige finanzielle Sicherheit zu gewährleisten und sicherzustellen, dass der Versicherungsschutz zu den individuellen Bedürfnissen des Versicherten passt.

Kosten und Nutzen bewerten

Die Bewertung von Kosten und Nutzen ist ein wesentlicher Bestandteil des effektiven Versicherungsmanagements. Dabei geht es darum, eine fundierte Entscheidung darüber zu treffen, ob eine bestehende Versicherungspolizze aufrechterhalten, angepasst oder gekündigt werden sollte. Dieser Prozess erfordert eine sorgfältige Analyse der Prämien, Leistungen und Risiken, um sicherzustellen, dass der Versicherungsschutz angemessen und wirtschaftlich sinnvoll ist.

Zunächst sollten die Kosten im Detail betrachtet werden. Die Prämie, die regelmäßig an das Versicherungsunternehmen gezahlt wird, ist der offensichtlichste Kostenfaktor. Es ist wichtig, die Höhe der Prämie im Verhältnis zu den angebotenen Leistungen zu bewerten. Ein günstigerer Tarif kann verlockend sein, jedoch sollten auch die abgedeckten Risiken und die Höhe der Selbstbeteiligung berücksichtigt werden. Ein Vergleich der Prämien verschiedener Anbieter sowie eine Überprüfung der vertraglichen Bedingungen kann helfen, die kosteneffizienteste Option zu finden.

Der Nutzen einer Versicherung ergibt sich aus ihrer Fähigkeit, finanzielle Sicherheit im Schadensfall zu bieten. Daher ist es entscheidend, die abgedeckten Risiken und die vereinbarten Leistungen genau zu analysieren. Fragen wie „Wie hoch sind die Entschädigungsleistungen im Schadensfall?" und „Gibt es Leistungsausschlüsse, die zu einem Verlust der finanziellen Absicherung führen könnten?" sollten beantwortet werden.

Der Nutzen sollte nicht allein durch die Höhe der Prämie bestimmt werden, sondern auch durch die Qualität und Zuverlässigkeit des Schutzes, den die Police bietet.

Des Weiteren ist die individuelle Risikobereitschaft ein wichtiges Kriterium bei der Bewertung von Kosten und Nutzen. Personen, die ein höheres persönliche Risiko empfinden, beispielsweise aufgrund ihres beruflichen Umfelds oder ihrer Freizeitaktivitäten, könnten bereit sein, höhere Prämien zu zahlen, um einen umfassenderen Schutz zu erhalten. In diesem Zusammenhang ist es ratsam, eine persönliche Risikoanalyse durchzuführen, um festzustellen, welche Risiken tatsächlich abgesichert werden sollten.

Ein weiterer Aspekt bei der Bewertung von Kosten und Nutzen ist die langfristige Perspektive. Versicherungen sind oft langfristige Verträge, deren Wert sich erst über die Jahre richtig entfaltet. Es ist wichtig zu berücksichtigen, dass nicht jeder Versicherungsfall sofort oder überhaupt eintreten muss, um den Nutzen der Police zu rechtfertigen. Die Sicherheit, dass im Falle eines unerwarteten Ereignisses finanzielle Unterstützung verfügbar ist, kann für viele Menschen ein entscheidender Faktor bei der Entscheidung für oder gegen eine Versicherung sein.

Letztlich sollten auch die Erfahrungen anderer Versicherungsnehmer in die Bewertung einfließen. Bewertungen und Testimonials können wertvolle Einblicke in die Zuverlässigkeit und Kundenorientierung des Versicherungsunternehmens bieten. Eine positive Reputation im Schadensfall kann entscheidend für die Zufriedenheit mit der Versicherungspolizze sein.

Die Bewertung von Kosten und Nutzen ist ein dynamischer Prozess, der eine regelmäßige Überprüfung und Anpassung erfordert. Dieser proaktive Ansatz gewährleistet, dass der Versicherungsschutz stets den persönlichen und finanziellen Bedürfnissen entspricht und dabei ein angemessenes Gleichgewicht zwischen Kosten und Nutzen hergestellt wird.

Preis / Leistungsverhältnis

Das Preis-Leistungsverhältnis ist ein entscheidendes Kriterium bei der Auswahl und Beurteilung von Versicherungen. Es beschreibt das Verhältnis zwischen den gezahlten Prämien (Kosten) und den erhaltenen Leistungen (Nutzen) der Versicherungspolice. Ein ausgewogenes Preis-Leistungsverhältnis ist von großer Bedeutung, um sicherzustellen, dass der Versicherungsnehmer für seinen Beitrag eine angemessene und qualitativ hochwertige Absicherung erhält.

Um das Preis-Leistungsverhältnis einer Versicherung zu bewerten, ist zunächst eine detaillierte Analyse der Prämienstruktur erforderlich. Diese beinhaltet nicht nur die Höhe der monatlichen oder jährlichen Prämien, sondern auch eventuelle Selbstbehalte, die im Schadensfall zu zahlen sind, sowie zusätzliche Gebühren oder versteckte Kosten. Ein Vergleich der Prämien verschiedener Anbieter kann helfen, ein besseres Verständnis für die marktüblichen Preise zu erhalten und potenzielle Überzahlungen zu identifizieren.

Gleichzeitig ist es wichtig, die abgedeckten Leistungen umfassend zu betrachten. Hierzu zählen nicht nur die Höhe der Versicherungssummen, die im Schadensfall gezahlt werden, sondern auch die Art und Weise, wie diese Leistungen bereitgestellt werden. Es sollten spezifische Fragen gestellt werden, wie etwa: „Welche Risiken sind abgedeckt?", „Gibt es Ausschlüsse oder Einschränkungen bei den Leistungen?" und „Wie flexibel ist die Police in Bezug auf Änderungen der Lebensumstände?". Ein hohes Preis-Leistungsverhältnis ist gegeben, wenn die angebotenen Leistungen umfangreich und gleichzeitig anpassungsfähig sind.

Ein weiterer Aspekt, der das Preis-Leistungsverhältnis entscheidend beeinflusst, ist die Qualität des Kundenservices und die Effizienz der Schadensabwicklung des Versicherungsunternehmens. Versicherungsnehmer sollten darauf achten, wie gut der Anbieter auf Anfragen reagiert und wie transparent der Prozess im Schadensfall ist. Ein herausragender Kundenservice kann den Wert einer Police erheblich steigern, selbst wenn die Prämie höher ist als bei anderen Anbietern. Ein Anbieter, der im Schadensfall schnell und unkompliziert handelt, bietet einen enormen zusätzlichen Nutzen, der in der Preis-Leistungsverhältnis-Bewertung berücksichtigt werden sollte.

Darüber hinaus sind Erfahrungen und Meinungen anderer Versicherungsnehmer von Bedeutung. Online-Bewertungen und Erfahrungsberichte können wertvolle Hinweise auf die tatsächliche Leistung und Zuverlässigkeit eines Anbieters geben.

Ein Anbieter mit einer hohen Kundenzufriedenheit und positiven Erfahrungsberichten könnte trotz einer höheren Prämie eine wertvollere Wahl darstellen, wenn das Preis-Leistungsverhältnis als angemessen erachtet wird.

Letztlich kann das Preis-Leistungsverhältnis nicht isoliert betrachtet werden, sondern muss immer im Kontext der individuellen Bedürfnisse und Risikobereitschaft des Versicherungsnehmers stehen. Eine günstige Prämie ist wenig wert, wenn sie keinen umfassenden Schutz bietet oder im Schadensfall nicht die benötigte Unterstützung liefert. Daher ist es entscheidend, das Preis-Leistungsverhältnis regelmäßig zu überprüfen und gegebenenfalls Anpassungen vorzunehmen, um sicherzustellen, dass der persönliche Versicherungsschutz bestmöglich ausgerichtet ist. Ein gutes Preis-Leistungsverhältnis stellt somit eine Grundlage für ein effektives Risikomanagement und finanzielle Sicherheit dar.

Häufige Kündigungsgründe

Die Kündigung einer Versicherung ist ein bedeutender Schritt, der aus unterschiedlichen Gründen notwendig werden kann. Hierbei sind nicht nur finanzielle Überlegungen ausschlaggebend, sondern auch die persönliche Lebenssituation und der aktuelle Versicherungsbedarf. Eine sorgfältige Analyse der häufigsten Kündigungsgründe kann Versicherten helfen, bewusste Entscheidungen zu treffen und gegebenenfalls alternative Lösungen zu finden.

Ein häufig genannter Kündigungsgrund ist die **Unzufriedenheit mit dem Versicherungsschutz**. Oftmals stellen Versicherungsnehmer fest, dass ihre bestehenden Polizzen in Bezug auf Leistungen und Deckungssummen nicht mehr ihren aktuellen Bedürfnissen entsprechen. Veränderungen im Leben, wie etwa eine Heirat, Geburt eines Kindes oder der Erwerb von Immobilien, können zu einem erhöhten Bedarf an spezifischen Versicherungsleistungen führen. Wenn die bestehende Polizze diesen neuen Anforderungen nicht gerecht wird, entscheiden sich viele Verbraucher zur Kündigung und suchen nach maßgeschneiderten Alternativen.

Ein weiterer relevanter Grund ist die **Erhöhung der Prämien**. Steigende Prämien können einen deutlichen Einfluss auf die finanzielle Situation des Versicherten haben und sind oft Anlass für eine Kündigung. Wenn Versicherungsnehmer feststellen, dass die Prämien ohne eine entsprechende Verbesserung der Leistungen steigen oder dass sie im Vergleich zu anderen Anbietern unverhältnismäßig hoch sind, zieht es sie häufig zu einem günstigeren Anbieter. Ein umfassender Kostenvergleich kann dabei helfen, besser informierte Entscheidungen zu treffen.

Die **Kundenservice-Erfahrungen** spielen ebenfalls eine zentrale Rolle beim Kündigungsprozess. Wenn Versicherungsnehmer regelmäßig negative Erfahrungen mit dem Kundenservice, wie lange Wartezeiten, unzureichende Kommunikation oder Schwierigkeiten bei der Schadensabwicklung machen, können sie sich unzufrieden fühlen. Ein schlechter Kundenservice mindert den wahrgenommenen Wert der Versicherung, auch wenn der Versicherungsschutz selbst auf den ersten Blick angemessen erscheint.

Zusätzlich kann die **Änderung von Lebensumständen** zu einer Kündigung führen. Wenn sich beispielsweise der Beruf oder die familiären Verhältnisse ändern, kann dies den Versicherungsbedarf anpassen. Für jemanden, der in ein neues Arbeitsumfeld wechselt, könnte eine Berufsunfähigkeitsversicherung notwendig werden, während man für einen Ruheständler möglicherweise nur noch die Krankenversicherung als relevant erachtet. In diesen Fällen ist eine Kündigung oder eine Anpassung des bestehenden Versicherungsschutzes der logische Schritt.

Ein weiteres häufiges Motiv ist die **Erhöhung der Selbstbehalte**. Versicherungen können ihre Vertragsbedingungen ändern und die Selbstbehalte anheben, was für viele Versicherungsnehmer eine unerwünschte finanzielle Belastung darstellt. Wenn die Leistung im Schadensfall durch einen hohen Selbstbehalt kaum spürbar wird, kann dies dazu führen, dass Versicherungsnehmer die Police kündigen und nach flexibleren oder kundenfreundlicheren Alternativen suchen.

Letztlich ist es wichtig, regelmäßige Überprüfungen der eigenen Versicherungssituation vorzunehmen. Die Identifizierung möglicher Kündigungsgründe und das Erkennen von Anpassungsbedarfen ermöglichen eine effektive Verwaltung des Versicherungsschutzes. Eine fundierte Entscheidung über eine Kündigung sollte stets auf einer gründlichen Analyse basieren, um sicherzustellen, dass die finanzielle Sicherheit und persönliche Absicherung stets gewahrt bleibt.

Wechsel zur besseren Alternative

Der Wechsel zu einer besseren Versicherungsalternative kann wesentlich zur Optimierung des persönlichen Versicherungsschutzes beitragen. Dieser Prozess erfordert eine fundierte Analyse der aktuellen Versicherungsverträge sowie einen Vergleich der Angebote auf dem Markt. Die Entscheidung für einen Wechsel sollte gut überlegt sein und alle relevanten Aspekte berücksichtigen, um sicherzustellen, dass der neue Anbieter sowohl wirtschaftlich vorteilhaft als auch qualitativ hochwertig ist.

Ein zentraler Beweggrund für einen Wechsel ist oft die Möglichkeit, **Kosten zu sparen**. Mit der Zeit ändern sich die Prämien und Leistungen der verschiedenen Versicherungsunternehmen. Ein detaillierter Vergleich der aktuellen Prämie mit Angeboten anderer Anbieter kann helfen, Sparpotenziale zu erkennen. Dabei ist es wichtig, die gleichen Leistungen und Bedingungen miteinander zu vergleichen, um sicherzustellen, dass der neue Tarif nicht nur günstiger ist, sondern auch den erforderlichen Schutz bietet.

Darüber hinaus sollten **Leistungsverbesserungen** bei einem Anbieterwechsel berücksichtigt werden. Versicherungsnehmer sollten darauf achten, ob der neue Anbieter zusätzliche oder erweiterte Leistungen bietet, die in der bestehenden Police nicht enthalten sind. Dies könnte besondere Leistungen in der Krankenversicherung, einen umfassenderen Schutz in der Haftpflichtversicherung oder kostengünstigere Zusatzangebote umfassen. Ein Anbieter, der den individuellen Bedürfnissen besser gerecht wird und zusätzliche Vorteile bietet, kann die Entscheidung für einen Wechsel sehr attraktiv machen.

Ein weiterer Aspekt, der einen Wechsel rechtfertigen kann, ist die **Qualität des Kundenservice**. Insbesondere im Schadensfall ist ein reibungsloser und unkomplizierter Kundenservice entscheidend. Versicherungsnehmer sollten sich über Erfahrungen anderer Kunden informieren und darauf achten, wie ein potenzieller neuer Anbieter bei der Schadensabwicklung oder bei allgemeinen Anfragen reagiert. Ein Anbieter mit einem guten Ruf in Bezug auf Kundenservice kann den wahrgenommenen Wert des Versicherungsschutzes erheblich erhöhen.

Bei einem Wechsel ist auch auf die Kündigungsfristen und die vertraglichen Bedingungen der bestehenden Versicherung zu achten. Versicherungsnehmer sollten sicherstellen, dass sie die Kündigungsfrist einhalten und auf etwaige Wartezeiten bei der neuen Polizze reagieren. Es kann sinnvoll sein, die neuen Versicherungspolicen rechtzeitig zu prüfen, um einen nahtlosen Übergang zu gewährleisten und sicherzustellen, dass der Versicherungsschutz zu keinem Zeitpunkt unterbrochen wird.

Zusammengefasst kann der Wechsel zu einer besseren Alternativversicherung signifikante Vorteile bringen, sowohl in Bezug auf finanzielle Einsparungen als auch auf die Verbesserung der Leistungsqualität. Ein strukturierter Ansatz, der sowohl die aktuell bestehenden Verträge als auch eine sorgfältige Marktanalyse umfasst, ermöglicht es, die bestmögliche Entscheidung zu treffen. Letztlich ist ein gut geplanter Wechsel eine hervorragende Möglichkeit, den persönlichen Versicherungsschutz an aktuelle Bedürfnisse anzupassen und gleichzeitig die Qualität und die Kosten der Absicherung zu optimieren.

Veränderte Lebensumstände

Veränderte Lebensumstände haben einen erheblichen Einfluss auf den individuellen Versicherungsbedarf und sollten regelmäßig überprüft werden. Ereignisse wie Heirats- oder Scheidungszeiten, die Geburt eines Kindes, der Kauf einer Immobilie oder berufliche Veränderungen erfordern oft eine Anpassung des bestehenden Versicherungsschutzes. Diese Veränderungen können unterschiedliche Risiken mit sich bringen, die eine Neubewertung der Versicherungen notwendig machen.

Ein häufiges Beispiel für veränderte Lebensumstände sind familiäre Veränderungen. Nach der Eheschließung oder der Geburt eines Kindes kann der Bedarf an Lebensversicherungen steigen.

Eine Risikolebensversicherung wird insbesondere dann relevant, wenn die finanzielle Sicherheit der Familie im Falle des vorzeitigen Ablebens eines Elternteils gewährleistet werden soll. In solchen Situationen ist es wichtig, ausreichend hohe Versicherungssummen festzulegen, um die Existenzgrundlage des Partners und der Kinder abzusichern.

Auch berufliche Veränderungen können einen Anstoß zur Überprüfung des Versicherungsschutzes geben. Der Wechsel in einen neuen Job kann nicht nur die finanzielle Situation beeinflussen, sondern auch das Risiko, das mit der beruflichen Tätigkeit verbunden ist. Personen, die in einem risikobehafteten Beruf arbeiten, sollten möglicherweise eine Berufsunfähigkeitsversicherung in Betracht ziehen, um sich gegen das Risiko abzusichern, aufgrund von Krankheit oder Verletzung nicht mehr arbeiten zu können. Zudem kann es Sinn machen, auch bei einer Veränderung in der Selbstständigkeit den Versicherungsschutz zu überprüfen und gegebenenfalls berufsspezifische Policen abzuschließen.

Der Kauf einer Immobilie stellt ebenfalls einen entscheidenden Lebensumstand dar, der eine Anpassung des Versicherungsschutzes notwendig machen kann. Immobilienbesitzer sind durch eine Vielzahl neuer Risiken exponiert, darunter etwa Sachschäden durch Feuer, Wasser oder Einbruch. In diesem Zusammenhang wird der Abschluss einer Wohngebäude- oder Hausratversicherung unerlässlich. Die bestehenden Versicherungen sollten auch auf die Höhe der Versicherungssummen überprüft werden, um sicherzustellen, dass der vollständige Wert des Eigentums abgedeckt ist.

Des Weiteren können persönliche Umstände wie das Erreichen des Rentenalters oder der Übergang in den Ruhestand ebenfalls signifikante Veränderungen im Versicherungsbedarf mit sich bringen. In dieser Phase wird oft der Bedarf an spezifischen Altersversicherungen oder der Anpassung der Krankenversicherung relevant. Hierbei gilt es, die Notwendigkeit einer zusätzlichen Pflegeversicherung zu prüfen, um im Alter gegen potenzielle Pflegekosten gewappnet zu sein.

Zusammengefasst ist es essentiell, die eigenen Versicherungen regelmäßig auf veränderte Lebensumstände zu überprüfen. Eine proaktive Herangehensweise ermöglicht es, Risiken rechtzeitig zu erkennen und den notwendigen Versicherungsschutz anzupassen. Eine anpassungsfähige und durchdachte Versicherungsstrategie ist entscheidend, um den individuellen Bedürfnissen gerecht zu werden und eine umfassende Sicherheit zu gewährleisten.

Unzufriedenheit mit der Versicherung

Unzufriedenheit mit der eigenen Versicherung ist ein häufiges Phänomen, das viele Versicherungsnehmer betrifft. Diese Unzufriedenheit kann aus einer Vielzahl von Faktoren resultieren und ist oft ein Grund für einen möglichen Wechsel zu einem anderen Anbieter oder sogar zur Kündigung der bestehenden Police. Es ist entscheidend, die spezifischen Gründe für diese Unzufriedenheit zu identifizieren, um fundierte Entscheidungen über den Versicherungsschutz zu treffen und das Risiko unzureichender Absicherung zu minimieren.

Ein zentraler Grund für Unzufriedenheit kann die **Mangelfähige Kommunikation** mit dem Versicherungsunternehmen sein. Oftmals fühlen sich Versicherungsnehmer im Kommunikationsprozess alleingelassen, insbesondere wenn sie spezifische Fragen oder Anliegen haben. Längere Wartezeiten auf Antworten oder unklare Informationen können frustrierend wirken. Ein transparenter und reaktionsschneller Kundenservice trägt erheblich zum Kundenwohl bei und ist ein wesentlicher Aspekt, der bei der Evaluierung der eigenen Versicherung in Betracht gezogen werden sollte.

Ein weiterer häufig auftretender Punkt der Unzufriedenheit ist die **Schadensabwicklung**. Wenn Versicherungsnehmer im Schadensfall auf Schwierigkeiten bei der Einreichung von Ansprüchen oder auf langwierige Bearbeitungszeiten stoßen, kann dies zu einem beträchtlichen Vertrauensverlust in den Anbieter führen. Ein reibungsloser und transparenter Prozess bei der Schadensbearbeitung ist für viele Versicherungsnehmer entscheidend, da sie im Ernstfall auf Unterstützung angewiesen sind. Im Gegenteil können negative Erfahrungen in diesem Bereich dazu führen, dass Versicherte sich nach Alternativen umsehen.

Darüber hinaus zeigt sich Unzufriedenheit häufig in der **Bewertung der Leistungen**. Versicherungsnehmer stellen häufig fest, dass die in der Polizze enthaltenen Leistungen nicht ihren aktuellen Bedürfnissen entsprechen oder dass es wesentliche Ausschlüsse gibt, die im Schadensfall problematisch werden können.

Dies kann besonders relevant sein, wenn sich die Lebensumstände verändert haben, etwa durch Heirats- oder Geburtsfälle. Eine enge Überprüfung der bestehenden Policen hinsichtlich ihrer Relevanz und Angemessenheit sollte daher regelmäßig erfolgen, um eventuell unzulänglichen Schutz frühzeitig zu erkennen.

Ein weiterer Aspekt ist die **Preis-Leistungs-Relation**. Wenn Versicherungsnehmer das Gefühl haben, dass sie hohe Prämien zahlen, ohne dass sich ein adäquater Nutzen daraus ergibt, kann dies zu Frustration führen. Ein Vergleich mit den Angeboten anderer Anbieter kann zeigen, ob eine günstigere oder qualitativ bessere Versicherung existiert, die den persönlichen Bedürfnissen besser gerecht wird. Eine transparente Preispolitik und ein faires Preis-Leistungs-Verhältnis sind entscheidend für die Kundenzufriedenheit.

Zusammenfassend lässt sich feststellen, dass eine Unzufriedenheit mit der Versicherung auf verschiedenen Ebenen entstehen kann. Das Erkennen dieser Unzufriedenheit ist der erste Schritt, um aktiv Gegenmaßnahmen zu ergreifen. Regelmäßige Überprüfungen des Versicherungsschutzes, offene Kommunikation mit dem Anbieter und gegebenenfalls das Einholen von Vergleichsangeboten sind wichtige Schritte, um sicherzustellen, dass der Versicherungsschutz optimal auf die individuellen Bedürfnisse abgestimmt ist. Eine informierte und proaktive Herangehensweise ermöglicht es, Unzufriedenheit zu vermeiden und die bestmögliche Absicherung zu gewährleisten.

Der Kündigungsprozess

Der Kündigungsprozess einer Versicherung ist ein entscheidender Schritt, der sorgfältig geplant und durchgeführt werden sollte. Eine durchdachte Vorgehensweise ist wichtig, um sicherzustellen, dass alle rechtlichen Anforderungen eingehalten werden und ein nahtloser Übergang zu einer neuen Versicherung oder einer alternativen Lösung gewährleistet ist. Ein strukturierter Prozess hilft, Missverständnisse und mögliche finanzielle Nachteile zu vermeiden.

Zunächst ist es wichtig, sich über die **Kündigungsbedingungen** der bestehenden Versicherung zu informieren. Jedes Versicherungsverhältnis hat spezifische Vertragsbedingungen, die Kündigungsfristen und -modalitäten regeln. Versicherungsnehmer sollten die Vertragsunterlagen sorgfältig prüfen, um die Fristen und eventuelle Mindestlaufzeiten zu verstehen. Eine versäumte Kündigungsfrist kann dazu führen, dass sich die laufende Versicherung automatisch verlängert, was zu unerwünschten weiteren Zahlungen führt.

Ein weiterer wichtiger Schritt ist die **Zweckmäßigkeit der Kündigung** zu überprüfen. Vor der Kündigung sollte stets evaluiert werden, ob ein Wechsel tatsächlich notwendig ist. Dazu gehört eine sorgfältige Marktanalyse, um sicherzustellen, dass das gewählte Alternativangebot tatsächlich bessere Leistungen zu einem akzeptablen Preis bietet. Der Vergleich der bestehenden Police mit den Angeboten anderer Anbieter kann dabei helfen, eine fundierte Entscheidung zu treffen.

Sobald die Entscheidung zur Kündigung getroffen ist, sollte eine **schriftliche Kündigung** vorbereitet werden. Diese sollte alle relevanten Informationen, wie den vollständigen Namen, die Adresse, die Versicherungsnummer und das gewünschte Kündigungsdatum, enthalten. Es ist ratsam, eine formelle und klare Sprache zu verwenden und gegebenenfalls um eine schriftliche Bestätigung der Kündigung zu bitten. Diese Bestätigung dient als Nachweis und kann im Falle von Unstimmigkeiten von Bedeutung sein.

Die Kündigung sollte fristgerecht an die **richtige Kontaktadresse** des Versicherungsunternehmens gesendet werden. Dies kann in vielen Fällen per Post, manchmal auch per E-Mail oder über ein Online-Portal geschehen. Bei Versand per Post wird empfohlen, die Kündigung als Einschreiben zu versenden, um einen Nachweis über den Versand und den Erhalt zu haben.

Nach der Kündigung ist es wichtig, die neue Versicherung rechtzeitig abzuschließen, um sicherzustellen, dass der Versicherungsschutz nicht unterbrochen wird. Um Lücken im Versicherungsschutz zu vermeiden, sollte die neue Police idealerweise vor dem Kündigungsdatum der alten Versicherung in Kraft treten. Eine nahtlose Übergangsplanung gewährleistet, dass im Falle eines Schadens jederzeit ausreichender Versicherungsschutz besteht.

Zusammenfassend erfordert der Kündigungsprozess einer Versicherung eine sorgfältige Planung und Durchführung. Das Verständnis der Vertragsbedingungen, die umfassende Marktanalyse und eine formelle Kündigung sind entscheidend, um unerwünschte Komplikationen zu vermeiden. Ein gut strukturierter Prozess stellt sicher, dass die Entscheidung für einen neuen Versicherungsschutz im besten Interesse des Versicherungsnehmers umgesetzt wird und dieser jederzeit optimal abgesichert bleibt.

Fristen und gesetzliche Vorgaben

Die Einhaltung von Fristen und gesetzlichen Vorgaben ist ein wesentlicher Bestandteil der Verwaltung von Versicherungsverträgen. Sowohl für die Kündigung als auch für den Abschluss oder die Anpassung von Policen sind spezifische Fristen festgelegt, die von den Versicherungsnehmern beachtet werden müssen. Ein fundiertes Verständnis dieser Fristen trägt dazu bei, finanzielle Nachteile zu vermeiden und rechtzeitig auf Veränderungen reagieren zu können.

Zunächst sind die **Kündigungsfristen** von großer Bedeutung. In den meisten Versicherungsverträgen sind spezifische Fristen festgelegt, innerhalb derer eine Kündigung erfolgen muss. Diese Fristen variieren je nach Art der Versicherung: So beträgt die Kündigungsfrist in der Regel für Lebens- und Rentenversicherungen bis zu drei Monate vor Ende der Vertragslaufzeit, während viele andere Polizzen, wie etwa die Haftpflicht- oder Wohngebäudeversicherung, meist eine Kündigungsfrist von einem Monat haben. Ein versäumter Termin kann dazu führen, dass sich der Vertrag automatisch verlängert, was zusätzliche Kosten verursacht.

Ein weiterer wichtiger Aspekt sind die **Gesetzlichen Vorgaben**, die den Rahmen für den Abschluss und die Kündigung von Versicherungsverträgen festlegen.

Bei der Anpassung von bestehenden Verträgen, etwa bei Erhöhung oder Senkung der Versicherungssummen, sind ebenfalls fristliche Vorgaben zu beachten. Versicherungsnehmer sollten die Fristen für die Mitteilung solcher Änderungen an den Versicherer kennen, um sicherzustellen, dass die Policen immer den aktuellen Bedürfnissen entsprechen. Insbesondere bei wichtigen Lebensereignissen, wie Heirats- oder Scheidungsfällen, ist es ratsam, fristgerecht zu handeln, um den Relevanz und den Schutz der Versicherungen zu maximieren.

Zudem gibt es spezifische Regelungen für Sonderkündigungsrechte. In bestimmten Fällen, wie etwa bei Erhöhungen der Prämien oder Änderungen der Vertragsbedingungen, haben Versicherungsnehmer das Recht, ihre Polizzen außerhalb der regulären Kündigungsfristen zu kündigen. Diese Regelungen sollen den Versicherten Schutz bieten und sicherstellen, dass sie bei Unzufriedenheit oder unerwarteten Veränderungen im Versicherungsvertrag handeln können.

Abschließend lässt sich sagen, dass das Verständnis und die Einhaltung von Fristen und gesetzlichen Vorgaben eine zentrale Rolle im Umgang mit Versicherungsverträgen spielt. Ein gut informierter Versicherungsnehmer kann nicht nur rechtzeitig reagieren, sondern auch sicherstellen, dass er den bestmöglichen Schutz zu angemessenen Konditionen erhält. Regelmäßige Überprüfungen und die proaktive Kommunikation mit dem Versicherungsanbieter sind entscheidend, um die Vorteile der gesetzlichen Regelungen optimal nutzen zu können.

Die richtige Form der Kündigung

Die Kündigung einer Versicherung ist ein bedeutender Schritt, der korrekt und formell durchgeführt werden sollte. Die richtige Form der Kündigung ist wichtig, um sicherzustellen, dass die Kündigung rechtsgültig ist und alle vertraglichen sowie gesetzlichen Anforderungen erfüllt werden. Dies minimiert das Risiko von Missverständnissen und möglichen finanziellen Nachteilen.

Zunächst ist es entscheidend, die schriftliche Form zu wahren. Eine schriftliche Kündigung schafft einen dokumentierten Nachweis über die Kündigung und kann im Streitfall als Beweis dienen. Die Kündigung sollte stets in einem formellen Schreiben verfasst werden, das alle relevanten Informationen enthält, darunter den vollständigen Namen, die Adresse des Versicherungsnehmers sowie die Versicherungsnummer. Zudem sollte das Datum der Kündigung und das gewünschte Kündigungsdatum klar angegeben werden.

In der Regel ist es sinnvoll, die Kündigung per Einschreiben zu versenden. Dies bietet die Möglichkeit, den Versand und den Empfang der Kündigung nachweisen zu können. Alternativ kann in vielen Fällen auch eine Kündigung per E-Mail an die offizielle Adresse des Versicherers vorgenommen werden, sofern dies im Vertrag vorgesehen ist. In diesem Fall ist es jedoch ratsam, eine Empfangsbestätigung anzufordern, um sicherzustellen, dass die Kündigung ordnungsgemäß bearbeitet wird.

Ein weiterer wichtiger Aspekt ist der Inhalt der Kündigung. Die Kündigung sollte klar und präzise formuliert sein, um jegliche Unklarheiten zu vermeiden. Dazu ist es ratsam, einen kurzen, freundlichen, aber bestimmten Text zu verwenden. Formulierungen wie „Hiermit kündige ich meine Versicherungspolice mit der Nummer [XYZ] zum [Datum]" sind sinnvoll. Zudem können Anfragen nach einer Bestätigung der Kündigung beigefügt werden, um die Bearbeitung zu dokumentieren.

Es ist ebenfalls ratsam, sich vorab über die Kündigungsbedingungen des jeweiligen Versicherers zu informieren. In den Vertragsunterlagen sind oft spezifische Hinweise zu finden, wie eine Kündigung erfolgen muss, welche Fristen einzuhalten sind und ob besondere Formvorschriften gelten. Einige Versicherer fordern beispielsweise, dass Kündigungen ausschließlich an bestimmte Adressen gesendet werden. Die sorgfältige Beachtung dieser Vorgaben ist entscheidend, um mögliche Komplikationen zu vermeiden.

Zusammengefasst ist die richtige Form der Kündigung von zentraler Bedeutung für einen erfolgreichen Kündigungsprozess. Schriftliche Mitteilungen, die ordnungsgemäß adressiert und versendet werden, garantieren die Rechtmäßigkeit der Kündigung und schaffen Transparenz in der Kommunikation mit dem Versicherer. Eine wohl überlegte und strukturiert durchgeführte Kündigung sorgt dafür, dass der Übergang zu einem neuen Versicherungsschutz reibungslos verläuft und dass der Versicherungsnehmer jederzeit auf der sicheren Seite ist.

Schriftform vs. elektronische Kündigung

Die Kündigung von Versicherungsverträgen kann sowohl in schriftlicher Form als auch elektronisch erfolgen, wobei jede Methode spezifische Vor- und Nachteile bietet. Die Wahl zwischen diesen beiden Optionen hängt oft von den individuellen Präferenzen sowie den Vorgaben des jeweiligen Versicherungsunternehmens ab. Ein Verständnis der Unterschiede zwischen Schriftform und elektronischer Kündigung kann dabei helfen, im Kündigungsprozess die optimale Entscheidung zu treffen.

Die Schriftform, insbesondere die Kündigung per Post, hat den Vorteil, dass sie einen physischen Nachweis über den Kündigungsprozess liefert. Durch den Versand im Einschreiben kann der Versicherungsnehmer den Zeitpunkt des Versands sowie den Empfang durch das Versicherungsunternehmen nachweisen. Dies ist besonders wichtig, falls es im Nachhinein Fragen oder Streitigkeiten über den Zeitpunkt der Kündigung gibt. Ein schriftliches Kündigungsschreiben kann auch eine formale und offizielle Note vermitteln, die in vielen Fällen als passend erachtet wird und die Ernsthaftigkeit der Entscheidung unterstreicht.

Auf der anderen Seite bietet die elektronische Kündigung, beispielsweise durch E-Mail oder über ein Online-Kundenportal, zahlreiche praktische Vorteile. Der Hauptvorteil hierbei ist die **Schnelligkeit und Effizienz**. Die elektronische Übermittlung kann in vielen Fällen sofort erfolgen, was bedeutet, dass der Versicherungsnehmer schnell agieren kann, um Fristen einzuhalten. Zudem entfällt das Warten auf den postalischen Versand, und die Möglichkeit, eine Empfangsbestätigung anzufordern, sorgt dafür, dass die Kündigung zügig bearbeitet wird.

Allerdings müssen Versicherungsnehmer bei der Entscheidung für eine elektronische Kündigung darauf achten, ob der Versicherer diese Form der Kündigung akzeptiert. Nicht alle Versicherungsunternehmen erlauben eine Kündigung per E-Mail oder über digitale Kanäle, weshalb es wichtig ist, die Vertragsbedingungen im Vorfeld zu prüfen. Manche Anbieter bestehen auf einer schriftlichen Kündigung in Papierform, um rechtlichen Anforderungen zu genügen, während andere bereits moderne Kommunikationsmittel zur Rechtsgültigkeit akzeptieren.

Ein weiterer Aspekt, der in der Diskussion um Schriftform und elektronische Kündigung berücksichtigt werden sollte, ist die Datensicherheit. Während die elektronische Kommunikation so gestaltet sein kann, dass sie sicher ist, könnten beispielsweise ungeschützte E-Mails potenziell anfälliger für unerwünschte Zugriffe sein. Daher empfiehlt es sich, bei der Verwendung elektronischer Kündigungen darauf zu achten, sichere Kommunikationskanäle und Passwörter zu verwenden, um die Vertraulichkeit der Informationen zu gewährleisten.

Abschließend lässt sich festhalten, dass sowohl die Schriftform als auch die elektronische Kündigung ihre eigenen Vorteile und Herausforderungen mit sich bringen. Versicherungsnehmer sollten die Vorzüge beider Optionen abwägen und die für sie passende Wahl treffen, basierend auf den individuellen Bedürfnissen, der Akzeptanz durch den Versicherer und der Wichtigkeit einer formellen Dokumentation. Ein informierter Ansatz ermöglicht es, den Kündigungsprozess reibungslos und effizient zu gestalten, unabhängig davon, ob man sich für die traditionelle schriftliche oder die moderne elektronische Form entscheidet.

Wichtige Angaben in der Kündigung

Die Kündigung einer Versicherung ist ein formeller Prozess, der gewissenhaft durchgeführt werden sollte. Um sicherzustellen, dass die Kündigung rechtlich wirksam ist und ohne Probleme bearbeitet wird, sind bestimmte wichtige Angaben im Kündigungsschreiben unerlässlich. Diese Informationen tragen dazu bei, Missverständnisse zu vermeiden und den Kündigungsprozess zu beschleunigen.

Zunächst ist es entscheidend, die vollständigen Kontaktdaten des Versicherungsnehmers anzugeben. Dazu gehören der vollständige Name, die aktuelle Adresse sowie, falls vorhanden, auch der Geburtsdatum. Diese Angaben ermöglichen es dem Versicherungsunternehmen, die Kündigung eindeutig dem richtigen Vertragspartner zuzuordnen und eventuelle Rückfragen unkompliziert zu klären.

In der Regel sollten auch die Kontaktdaten des Versicherers, wie die Anschrift oder die E-Mail-Adresse, entsprechend der im Vertrag angegebenen Informationen eingebunden werden, um sicherzustellen, dass die Kündigung an die richtige Stelle gelangt.

Ein weiterer zentraler Punkt ist die Versicherungsnummer. Diese Nummer ist entscheidend, da sie die spezifische Polizze identifiziert, die gekündigt werden soll. Indem die Versicherungsnummer in die Kündigung aufgenommen wird, können Prozesse beschleunigt und Fehler bei der Zuordnung des Kündigungsschreibens vermieden werden. Auf diese Weise wird sichergestellt, dass die Kündigung auch tatsächlich die beabsichtigte Versicherung betrifft und nicht mit anderen Policen des Versicherungsnehmers verwechselt wird.

Darüber hinaus sollten im Kündigungsschreiben das gewünschte Kündigungsdatum und gegebenenfalls eine Bezugnahme auf die geltenden Kündigungsfristen genannt werden. Es ist ratsam, den Wunsch zu äußern, dass die Kündigung zum nächstmöglichen Zeitpunkt wirksam wird, und dies in einer präzisen Formulierung festzuhalten. Eine klare Angabe des Kündigungsdatums minimiert mögliche Unklarheiten über den Zeitpunkt des Vertragsendes und sorgt dafür, dass alle Vertragsbedingungen ordnungsgemäß eingehalten werden.

Zusätzlich ist es sinnvoll, in der Kündigung um eine schriftliche Bestätigung des Erhalts der Kündigung zu bitten. Dies kann für den Versicherungsnehmer von Bedeutung sein, insbesondere falls es im Nachhinein zu Unstimmigkeiten über den Zeitpunkt der Kündigung oder die damit verbundenen Auswirkungen kommen sollte. Diese Bestätigung dient nicht nur als Nachweis für den Kündigungsprozess, sondern auch als Sicherheit für den Versicherungsnehmer.

Eine freundliche, aber bestimmte Sprache ist ebenfalls wichtig. Das Kündigungsschreiben sollte einen respektvollen Ton wahren, auch wenn die Gründe für die Kündigung in der Regel auf Unzufriedenheit beruhen. Eine höfliche Formulierung kann dazu beitragen, eine positive Beziehung zum Versicherer aufrechtzuerhalten, die eventuell in Zukunft von Bedeutung sein könnte, wenn man unter Umständen wieder eine Versicherung bei demselben Anbieter abschließen möchte.

Zusammenfassend ist es entscheidend, bei der Erstellung einer Kündigung alle wesentlichen Angaben umfassend zu berücksichtigen. Die Aufnahme von vollständigen Kontaktdaten, der Versicherungsnummer, Informationen über das gewünschte Kündigungsdatum sowie der Bitte um eine schriftliche Bestätigung sind alles Aspekte, die einen erfolgreichen Kündigungsprozess unterstützen und sicherstellen, dass der Versicherungsnehmer entsprechend abgesichert ist. Ein sorgfältig formuliertes Kündigungsschreiben stellt somit die Rechtmäßigkeit und Nachvollziehbarkeit der Entscheidung in den Vordergrund.

Bestätigung der Kündigung einholen

Die Einholung einer Bestätigung der Kündigung ist ein entscheidender Schritt im Kündigungsprozess einer Versicherung. Diese Bestätigung dient als Nachweis, dass das Kündigungsschreiben vom Versicherungsunternehmen erhalten und die Kündigung ordnungsgemäß bearbeitet wurde. Sie gibt dem Versicherungsnehmer zusätzliche Sicherheit und schützt vor möglichen Missverständnissen in der Zukunft.

Der erste Schritt zur Einholung einer Kündigungsbestätigung besteht darin, im Kündigungsschreiben gezielt um eine schriftliche Bestätigung zu bitten. Eine klare Formulierung, wie etwa „Bitte bestätigen Sie mir den Erhalt dieser Kündigung" oder „Ich bitte um eine schriftliche Bestätigung des Kündigungsdatums", sollte im Schreiben enthalten sein. Dies sorgt dafür, dass der Versicherer die Anfrage ernst nimmt und die Bestätigung als Teil seiner Bearbeitungsverpflichtungen ansieht.

Nachdem die Kündigung versendet wurde, ist es ratsam, den Erhalt der Bestätigung im Auge zu behalten. In den meisten Fällen sollte eine solche Bestätigung innerhalb einer angemessenen Frist, häufig innerhalb von zwei bis vier Wochen, beim Versicherungsnehmer eintreffen. Sollten keine Informationen oder Bestätigungen innerhalb dieses Zeitraums eingehen, ist es empfehlenswert, proaktiv Kontakt mit dem Versicherungsunternehmen aufzunehmen. Ein kurzer Anruf oder eine E-Mail kann klären, ob die Kündigung angekommen ist und ob eine Bestätigung versandt wurde.

Die Bestätigung der Kündigung sollte spezifische Informationen beinhalten, darunter das Datum, an dem die Kündigung wirksam wird, sowie eine Zusammenfassung der relevanten Vertragsdetails. Dies trägt dazu bei, potenzielle Unstimmigkeiten über Vertragslaufzeiten oder Leistungen zu vermeiden. Darüber hinaus ist es nützlich, die Bestätigung sicher aufzubewahren, da sie im Falle von Streitigkeiten über den Kündigungszeitpunkt oder andere Vertragsangelegenheiten als Beweis dienen kann.

Sollte das Versicherungsunternehmen keine Bestätigung der Kündigung ausstellen oder sich weigern, die Kündigung zu akzeptieren, ist es wichtig, die im Vertrag festgelegten Fristen und Bedingungen zu prüfen. In einigen Fällen kann es notwendig sein, rechtliche Schritte in Erwägung zu ziehen, insbesondere wenn der Versicherungsnehmer der Meinung ist, dass der Kündigungsprozess nicht ordnungsgemäß durchgeführt wurde.

Zusammenfassend ist die Einholung einer Bestätigung der Kündigung ein wichtiger Bestandteil einer ordnungsgemäßen Kündigungsabwicklung. Sie gewährleistet, dass der Versicherungsnehmer über die wesentlichen Informationen verfügt und im Falle von Unstimmigkeiten gut abgesichert ist. Ein sorgfältiger Umgang mit diesem Prozess erhöht die Transparenz und schützt die Interessen des Versicherungsnehmers im gesamten Kündigungsprozess.

Neue Versicherungen auswählen

Die Auswahl neuer Versicherungen ist ein essentieller Schritt, der nach der Kündigung oder dem Auslaufen einer bestehenden Police ansteht. Ein durchdachter Auswahlprozess stellt sicher, dass der Versicherungsnehmer den bestmöglichen Schutz zu angemessenen Bedingungen erhält. Dabei sollten verschiedene Faktoren in Betracht gezogen werden, um den individuellen Bedürfnissen gerecht zu werden und eine fundierte Entscheidung zu treffen.

Zunächst ist es wichtig, den Versicherungsbedarf zu analysieren. Hierbei sollte der Versicherungsnehmer eine Bestandsaufnahme seiner aktuellen Lebenssituation und seiner persönlichen Risiken vornehmen. Fragen wie „Welche Risiken möchte ich absichern?" und „Wie hoch ist mein aktuelles finanzielles Risiko?" helfen, die notwendigen Policen und deren Deckungssummen zu bestimmen. Beispielsweise könnte der Bedarf an Lebens-, Haftpflicht- oder Wohngebäudeversicherungen von verschiedenen Faktoren abhängen, darunter familiäre Situation, Vermögenswerte und berufliche Risiken.

Nachdem der individuelle Bedarf ermittelt wurde, folgt der nächste Schritt: der Marktvergleich. In der heutigen digitalen Welt gibt es zahlreiche Vergleichsportale, die es ermöglichen, Tarife unterschiedlicher Anbieter einfach und schnell zu vergleichen.

Diese Plattformen bieten oft detaillierte Informationen über Leistungen, Prämien, Bedingungen und Kundenbewertungen. Ein Vergleich sollte jedoch nicht nur auf den Preis fokussiert sein – auch die Qualität der angebotenen Leistungen ist von zentraler Bedeutung. Es empfiehlt sich, die wichtigsten Leistungsmerkmale, wie zum Beispiel Versicherungssummen, Selbstbehalte und Ausschlüsse, sorgfältig zu prüfen.

Ein weiterer wesentlicher Aspekt bei der Auswahl neuer Versicherungen ist die Reputation und Seriosität des Anbieters. Die Erfahrungen anderer Kunden können wertvolle Hinweise auf die Zuverlässigkeit und den Kundenservice eines Versicherungsunternehmens geben. Bewertungen auf unabhängigen Plattformen oder die Empfehlung von Freunden und Bekannten können hierbei eine wichtige Rolle spielen. Ein Anbieter mit einem guten Ruf bietet nicht nur Schutz, sondern legt auch Wert auf einen transparenten und effektiven Kundenservice, was insbesondere im Schadensfall wichtig sein kann.

Die Versicherungsbedingungen sollten ebenfalls gründlich studiert werden. Oft sind es die Feinheiten der Vertragsbedingungen, die im Schadensfall von entscheidender Bedeutung sind. Dazu gehören beispielsweise Informationen zu Wartezeiten, die Regulierung im Schadensfall und die Möglichkeit von Anpassungen bei geänderten Lebensumständen. Ein klar gegliedertes und transparentes Vertragswerk zeugt von einem verlässlichen Anbieter und hilft, unangenehme Überraschungen zu vermeiden.

Schließlich sollte der Abschluss der neuen Versicherung auch auf die finanzielle Flexibilität des Versicherungsnehmers abgestimmt werden. Die Wahl der Zahlungsmodalitäten, wie Einmalzahlung oder Ratenzahlung, kann Auswirkungen auf die finanzielle Belastung haben. Weiterhin sollte der Versicherungsnehmer darauf achten, mögliche Rabatte oder Sonderaktionen, die bei bestimmten Anbietern angeboten werden, zu nutzen. Diese können die Prämien signifikant senken und zu einer besseren Preis-Leistungs-Relation führen.

Zusammenfassend lässt sich feststellen, dass die Auswahl neuer Versicherungen ein sorgfältiger Prozess ist, der eine umfassende Analyse der persönlichen Bedürfnisse, einen Vergleich der Angebote und eine genaue Prüfung der Vertragsbedingungen erfordert. Ein strukturierter Ansatz hilft dem Versicherungsnehmer nicht nur, den passenden Versicherungsschutz zu finden, sondern auch, sich langfristig abzusichern und unvorhergesehene finanzielle Belastungen zu vermeiden. Der Fokus sollte stets auf einem ausgewogenen Preis-Leistungs-Verhältnis und der Seriosität des gewählten Anbieters liegen.

Kriterien für den Abschluss

Der Abschluss einer Versicherung ist eine bedeutende Entscheidung, die nicht leichtfertig getroffen werden sollte. Um sicherzustellen, dass der gewählte Vertrag den individuellen Bedürfnissen und Erwartungen entspricht, ist es wichtig, bestimmte Kriterien zu beachten. Diese Kriterien helfen dabei, den passenden Versicherungsschutz zu identifizieren und gleichzeitig finanzielle Sicherheit zu gewährleisten.

Ein zentrales Kriterium beim Abschluss einer Versicherung ist die Deckungssumme. Die Höhe der Deckungssumme sollte so gewählt werden, dass sie im Falle eines Schadens oder eines Verlustes ausreichenden Schutz bietet. Dies bedeutet, dass Versicherungsnehmer die möglichen Risiken und deren finanzielle Auswirkungen sorgfältig einschätzen sollten. Bei Lebensversicherungen etwa ist es ratsam, die Summe so zu wählen, dass die Hinterbliebenen im Falle eines Todes ausreichend abgesichert sind. Bei Sachversicherungen, wie der Wohngebäude- oder Hausratversicherung, sollte der Wert des versicherten Eigentums realistisch und umfassend berücksichtigt werden.

Ein weiteres wesentliches Kriterium sind die Versicherungsbedingungen. Die genauen Vertragsbedingungen, darunter die Leistungsinhalte, Ausschlüsse und Selbstbeteiligungen, bilden die Grundlage dafür, welche Leistungen im Schadensfall tatsächlich erbracht werden. Versicherungsnehmer sollten sich die Zeit nehmen, die Vertragsbedingungen gründlich zu lesen und zu verstehen, um unangenehme Überraschungen im Schadenfall zu vermeiden. Eine transparente und klar formulierte Versicherungspolice ist ein Zeichen für einen seriösen Anbieter, der die Interessen seiner Kunden ernst nimmt.

Die Kundenbewertungen und Erfahrungen anderer Versicherungsnehmer stellen ebenfalls ein wichtiges Auswahlkriterium dar. Die Reputation eines Versicherungsunternehmens kann entscheidend sein, insbesondere wenn es um den Kundenservice und die Schadensbearbeitung geht. Versicherungsnehmer sollten auf unabhängige Bewertungsplattformen achten und sich auf Empfehlungen von Freunden und Bekannten stützen. Ein Anbieter mit positiven Erfahrungen in der Community ist häufig auch im Erfüllungsgrad seiner Vertragsverpflichtungen zuverlässiger.

Darüber hinaus sollte die finanzielle Stabilität des Versicherers in die Entscheidung einfließen. Rating-Agenturen geben Bewertungen zu Versicherungsgesellschaften ab, die deren finanzielle Lage und Leistungsfähigkeit analysieren. Eine stabile finanzielle Basis ist essenziell, da sie sicherstellt, dass der Versicherer auch in schwierigen Zeiten in der Lage ist, vertraglich vereinbarte Leistungen zu erfüllen. Diese Sicherheit schützt den Versicherungsnehmer vor dem Risiko, dass der Anbieter im Falle eines Schadens nicht zahlungsfähig ist.

Ein weiteres Kriterium ist die Flexibilität der Polizze und die Möglichkeit, Anpassungen vorzunehmen. Lebenssituationen ändern sich, und damit kann auch der Bedarf an Versicherungsschutz variieren. Ein Vertrag, der es dem Versicherungsnehmer ermöglicht, Anpassungen zu den Leistungen oder zur Deckungssumme vorzunehmen, bietet einen zusätzlichen Vorteil. Beispielsweise können bei einer Heirat oder der Geburt eines Kindes entsprechende Anpassungen an der Lebensversicherung vorgenommen werden, um der veränderten Lebenssituation Rechnung zu tragen.

Zusammengefasst ist der Abschluss einer Versicherung eine wohlüberlegte Entscheidung, die auf einer sorgfältigen Abwägung verschiedener Kriterien basieren sollte. Die Deckungssumme, die Versicherungsbedingungen, die Reputation des Anbieters, die finanzielle Stabilität sowie die Flexibilität der Policen sind relevante Faktoren, die in die Entscheidungsfindung einfließen sollten. Eine gründliche Analyse dieser Kriterien sorgt dafür, dass der gewählte Versicherungsschutz den individuellen Bedürfnissen entspricht und somit ein hohes Maß an Sicherheit und Ruhe gewährleistet.

Vergleich von Anbietern

Der Vergleich von Anbietern ist ein entscheidender Schritt bei der Auswahl der passenden Versicherung. Angesichts der Vielzahl an Versicherungsunternehmen und deren unterschiedlichen Angeboten ist es essenziell, verschiedene Optionen sorgfältig zu prüfen, um den bestmöglichen Versicherungsschutz zu finden. Ein strukturierter Ansatz beim Vergleich hilft, die individuellen Bedürfnisse zu berücksichtigen und finanziell vorteilhafte Entscheidungen zu treffen.

Ein wichtiger erster Schritt beim Vergleich von Anbietern ist die Festlegung von Kriterien, die den persönlichen Versicherungsbedarf widerspiegeln. Dazu zählen unter anderem die Art der Versicherung, die gewünschten Leistungen, die Höhe der Prämien und die Deckungssummen. Durch die Erstellung einer Liste von Must-Haves und Nice-to-Haves können Versicherungsnehmer gezielt die Anbieter identifizieren, die ihren Anforderungen entsprechen. Ein klar definierter Rahmen erleichtert die Analyse der verschiedenen Angebote und sorgt dafür, dass keine wesentlichen Punkte übersehen werden.

Ein weiterer zentraler Aspekt ist die Nutzung von Vergleichsportalen. Diese Plattformen ermöglichen es, schnell und unkompliziert eine Vielzahl von Angeboten zu vergleichen, indem sie wichtige Informationen wie Prämien, Leistungen und Bedingungen in übersichtlicher Form präsentieren.

Viele Vergleichsportale bieten auch Filterfunktionen, mit denen spezifische Anforderungen gezielt eingegrenzt werden können. Dabei ist es jedoch wichtig, die Ergebnisse kritisch zu hinterfragen und die Bedingungen der einzelnen Anbieter genau zu prüfen. Manchmal können bestimmte Gebühren oder versteckte Leistungen die auf den ersten Blick attraktiven Angebote weniger vorteilhaft erscheinen lassen.

Zusätzlich zu den Preis- und Leistungsaspekten sollten auch die Qualität des Kundenservice und die Regulierungsquote der Versicherer in den Vergleich einfließen. Eine Kundenbewertung auf Plattformen oder in sozialen Medien kann wertvolle Einblicke in die Erfahrung anderer Versicherungsnehmer geben. Der persönliche Kontakt mit dem Kundenservice kann ebenfalls entscheidend sein – eine professionelle und hilfsbereite Unterstützung im Schadensfall kann den Unterschied ausmachen. Die Effizienz und Schnelligkeit bei der Schadensbearbeitung sind ebenfalls Faktoren, die oft übersehen werden, aber für viele Versicherungsnehmer von großer Bedeutung sind.

Schließlich sollten potenzielle Versicherungsnehmer auch die Flexibilität der Polizzen in Betracht ziehen. Veränderungen im Lebensstil oder in der finanziellen Situation können Anpassungen an der Versicherung erfordern. Anbieter, die flexible Vertragskonditionen anbieten oder es ermöglichen, die Versicherung im Laufe der Zeit zu modifizieren, haben oft einen strategischen Vorteil. Diese Flexibilität kann sich als besonders wertvoll erweisen, wenn sich Lebensumstände ändern, etwa durch Heirats- oder Geburtsereignisse.

Zusammenfassend lässt sich sagen, dass der Vergleich von Anbietern ein kritischer Schritt bei der Auswahl der richtigen Versicherung ist. Durch eine strukturierte Herangehensweise, die Berücksichtigung spezifischer Kriterien, die Nutzung von Vergleichsportalen und die Untersuchung von Servicequalität sowie finanzieller Stabilität können Versicherungsnehmer eine informierte Entscheidung treffen. Eine sorgfältige Analyse der verschiedenen Angebote ermöglicht nicht nur eine bessere Absicherung, sondern auch eine optimale Preis-Leistungs-Relation, die langfristig finanzielle Sicherheit bietet.

Online Vergleichsportale

Online Vergleichsportale haben sich in den letzten Jahren zu einem unverzichtbaren Tool für Versicherungsnehmer entwickelt. Sie ermöglichen es, verschiedene Versicherungsangebote schnell und einfach zu vergleichen und bieten eine übersichtliche Plattform, um informierte Entscheidungen zu treffen. In einer Zeit, in der die Auswahl an Anbietern und Produkten stetig wächst, bieten solche Portale eine wertvolle Unterstützung im Entscheidungsprozess.

Einer der größten Vorteile von Online Vergleichsportalen ist die Zeitersparnis. Nutzer können innerhalb weniger Minuten mehrere Angebote einholen und vergleichen, ohne sich durch langwierige Recherche und persönliche Beratungsgespräche kämpfen zu müssen.

Dies ermöglicht einen schnellen Überblick über die aktuelle Marktsituation und gibt Aufschluss darüber, welche Anbieter die besten Konditionen für die gewünschten Leistungen bieten.

Viele Portale erstellen eine detaillierte Übersicht, die alle relevanten Informationen wie Prämien, Deckungssummen und Ausschlüsse auf einen Blick darstellt.

Ein weiterer Vorteil ist die Transparenz der angebotenen Informationen. Vergleichsportale zeigen eine Vielzahl von Anbietern und deren Produkte an, was dazu beiträgt, ein umfassendes Bild des Marktes zu erhalten. Durch die Darstellung von Kosten und Leistungen können Versicherungsnehmer schnell erkennen, wo mögliche Einsparungen oder Vorteile liegen. Diese Transparenz fördert auch den Wettbewerb unter den Anbietern, was zu besseren Konditionen und Serviceleistungen für die Verbraucher führt.

Allerdings sollten Nutzer auch die möglichen Nachteile von Vergleichsportalen im Auge behalten. Nicht alle verfügbaren Angebote sind in jedem Portal aufgeführt, da viele Anbieter exklusive Verträge mit bestimmten Vergleichsseiten haben. Dies bedeutet, dass potenzielle Kunden möglicherweise nicht alle Optionen sehen. Daher ist es sinnvoll, mehrere Vergleichsportale zu nutzen oder auch die Webseiten individueller Anbieter direkt zu besuchen, um ein umfassenderes Bild zu erhalten. Zudem ist es ratsam, kritisch auf die Präsentation der Ergebnisse zu achten, da manche Portale anbieterabhängige Bewertungen vornehmen könnten, die nicht immer neutral sind.

Des Weiteren können die Erfahrungen anderer Nutzer bei der Bewertung von Versicherungsanbietern und deren Produkten hilfreich sein. Viele Vergleichsportale integrieren Kundenbewertungen und Erfahrungsberichte, die einen wertvollen Einblick in die Zufriedenheit mit dem Service und den Leistungen der Anbieter geben. Diese Informationen sind entscheidend, insbesondere wenn es um die Bewertung des Kundenservices und der Schadensregulierungskompetenz geht.

Ein weiterer wichtiger Aspekt ist die Benutzerfreundlichkeit der Vergleichsportale. Ein gut strukturiertes Interface, das eine einfache Navigation und die Möglichkeit zur individuellen Anpassung der Suchkriterien bietet, ist entscheidend für eine positive Nutzererfahrung. Portale, die eine klare und intuitive Benutzeroberfläche bieten, ermöglichen es selbst weniger technikaffinen Nutzern, die gewünschten Informationen effektiv zu finden und zu vergleichen.

Zusammenfassend lässt sich sagen, dass Online Vergleichsportale eine wertvolle Ressource für Versicherungsnehmer darstellen, um verschiedene Angebote effizient zu vergleichen und informierte Entscheidungen zu treffen. Trotz einiger potenzieller Nachteile bietet die Nutzung solcher Portale eine erhebliche Zeitersparnis und Transparenz, die letztlich zu einem besseren Preis-Leistungs-Verhältnis führen können. Um die besten Ergebnisse zu erzielen, sollten Nutzer jedoch mehrere Portale vergleichen und die gesammelten Informationen mit eigenen Recherchen und Erfahrungen abgleichen. Auf diese Weise ist es möglich, den optimalen Versicherungsschutz zu finden, der den individuellen Bedürfnissen entspricht.

Tipps zur nachhaltigen Verischerungsführung

Eine nachhaltige Versicherungsführung umfasst nicht nur die Auswahl geeigneter Policen, sondern auch die Überlegung, wie diese im Einklang mit Umwelt-, Sozial- und Governance-Kriterien stehen. Diese Aspekte gewinnen zunehmend an Bedeutung, sowohl für Verbraucher als auch für Versicherungsunternehmen. Im Folgenden werden einige Tipps vorgestellt, die Versicherungsnehmer dabei unterstützen, ihre Versicherung nachhaltig zu verwalten und verantwortungsvolle Entscheidungen zu treffen.

Ein erster und wesentlicher Schritt zur nachhaltigen Versicherungsführung besteht in der Bewertung der aktuellen Versicherungen. Versicherungsnehmer sollten die bestehenden Policen daraufhin prüfen, ob die gewählten Produkte den persönlichen Werten und Zielen in Bezug auf Nachhaltigkeit und Umweltbewusstsein entsprechen. Beispielsweise könnten sie prüfen, ob der Versicherer umweltfreundliche Praktiken verfolgt oder in Projekte investiert, die den ökologischen Fußabdruck seiner Kunden reduzieren. Versicherungsnehmer haben die Möglichkeit, Unternehmen zu wählen, die sich aktiv für den Klimaschutz engagieren und in nachhaltige Entwicklungen investieren.

Ein weiterer wichtiger Aspekt ist die Einsichtnahme in die Unternehmensrichtlinien der Versicherungsanbieter. Viele Unternehmen veröffentlichen heute Berichte über ihre nachhaltigen Praktiken und Richtlinien. Diese Dokumente enthalten Informationen darüber, wie die Unternehmen ihren Einfluss auf die Umwelt managen und welche sozialen Verantwortung sie übernehmen. Versicherungsnehmer sollten darauf achten, Anbieter zu wählen, die transparent in ihren Geschäftspraktiken sind und ein klares Bekenntnis zur Nachhaltigkeit zeigen.

Ein zusätzlicher Tipp ist die Nutzung digitaler Lösungen, um den Verwaltungsaufwand und den Papierverbrauch zu minimieren. Viele Versicherungsunternehmen bieten mittlerweile Online-Portale und mobile Anwendungen an, die es ermöglichen, Polizzen digital zu verwalten, Informationen schnell abzurufen und Schadensfälle online zu melden. Durch die Minimierung von Papierdokumenten tragen Versicherungsnehmer dazu bei, den Ressourcenverbrauch zu reduzieren und Ressourcen effizienter zu nutzen. Digitale Kommunikation ist nicht nur umweltfreundlicher, sondern auch zeit- und kostensparend.

Darüber hinaus sollten Versicherungsnehmer regelmäßig ihre Versicherungsbedarfe und -bedingungen überprüfen und eventuell anpassen. Veränderungen im Lebensstil, wie ein Umzug in ein energieeffizientes Zuhause oder die Anschaffung eines Elektrofahrzeugs, können Auswirkungen auf den benötigten Versicherungsschutz haben.

Eine Anpassung der bestehenden Polizzen kann nicht nur Kosten sparen, sondern auch sicherstellen, dass der Versicherungsschutz die individuellen Bedürfnisse und die Lebensweise des Versicherungsnehmers widerspiegelt. Insbesondere kann eine umweltbewusste Lebensweise auch in einem reduzierten Risikoprofil resultieren, was sich positiv auf die Prämien auswirken kann.

Ein weiterer Tipp zur nachhaltigen Versicherungsführung ist die Berücksichtigung von Nachhaltigkeitskriterien bei der Wahl der Tarife. Viele Versicherungen bieten Produkte an, die spezielle Vergünstigungen für umweltfreundliches Verhalten, wie etwa die Nutzung von Fahrrädern oder die Installation von Solaranlagen, beinhalten. Übersichten über solche nachhaltigen Tarife finden sich häufig auf Vergleichsportalen oder auf den Webseiten der Anbieter. Versicherungsnehmer können von diesen besonderen Angeboten profitieren und gleichzeitig ihre umweltfreundlichen Entscheidungen belohnen lassen.

Zusammenfassend lässt sich feststellen, dass eine nachhaltige Versicherungsführung nicht nur eine Verantwortung gegenüber der Umwelt darstellt, sondern auch finanzielle Vorteile mit sich bringen kann. Durch die sorgfältige Auswahl der Versicherungsprodukte, die Nutzung digitaler Lösungen, die regelmäßige Überprüfung des Versicherungsbedarfs und die Berücksichtigung von Nachhaltigkeitskriterien haben Versicherungsnehmer die Möglichkeit, nicht nur ihren eigenen ökologischen Fußabdruck zu reduzieren, sondern auch Unternehmen zu unterstützen, die sich für eine nachhaltige Zukunft einsetzen. Eine bewusste Herangehensweise an die Versicherungsführung trägt letztendlich zu einer besseren Gesellschaft und einem gesünderen Planeten bei.

Regelmäßige Prüfungen der Versicherungen

Die regelmäßige Überprüfung von Versicherungen ist ein wesentlicher Bestandteil einer verantwortungsvollen Finanzplanung. Viele Menschen neigen dazu, ihre Versicherungsverträge einmal abzuschließen und sie dann für lange Zeit zu vergessen. Ein solcher Ansatz kann jedoch dazu führen, dass bestehende Policen nicht mehr den aktuellen Bedürfnissen oder Lebensumständen des Versicherungsnehmers entsprechen. Regelmäßige Prüfungen helfen, den Versicherungsschutz zu optimieren und finanzielle Risiken zu minimieren.

Ein zentraler Aspekt bei der Überprüfung von Versicherungen besteht darin, die Änderungen im persönlichen Lebensumfeld zu berücksichtigen. Lebensereignisse wie Heiratsanträge, die Geburt eines Kindes, ein Umzug oder der Erwerb eines neuen Fahrzeugs können erhebliche Auswirkungen auf den benötigten Versicherungsschutz haben. In solchen Fällen ist es ratsam, die bestehenden Policen zu aktualisieren, um sicherzustellen, dass der Versicherungsschutz an die veränderten Lebensumstände angepasst ist. Ein Beispiel: Wird eine neue Immobilie erworben, ist eine Überprüfung und Anpassung der Wohngebäudeversicherung unerlässlich.

Darüber hinaus sollten Versicherungnehmer regelmäßig die Marktentwicklung und Wettbewerbssituation im Blick behalten. Der Versicherungsmarkt unterliegt ständigen Veränderungen, einschließlich neuer Anbieter, Produkte und Tarife. Um sicherzustellen, dass das beste Preis-Leistungs-Verhältnis genutzt wird, ist es sinnvoll, die Policen mindestens einmal jährlich zu überprüfen und gegebenenfalls einen Anbieterwechsel in Betracht zu ziehen. Ein gezielter Marktvergleich kann zu Ersparnissen führen, da viele Versicherer regelmäßig Sonderaktionen oder Rabatte anbieten.

Ein weiterer wichtiger Punkt bei den regelmäßigen Prüfungen ist die Überprüfung der Versicherungssummen und -leistungen. Im Laufe der Zeit können sich Werte ändern, wie zum Beispiel die Höhe des Hausrats oder der Wert eines Fahrzeugs. Versicherungsnehmer sollten sicherstellen, dass die vereinbarten Versicherungssummen realistisch sind und angemessenen Schutz bieten. In vielen Fällen empfiehlt es sich, Angebote von Vergleichsportalen oder Fachberatern einzuholen, um die bestehenden Summen zu überprüfen und gegebenenfalls anzupassen.

Zusätzlich ist es wichtig, die Versicherungsbedingungen und -ausschlüsse regelmäßig zu betrachten. Oft können sich auch die Vertragsbedingungen ändern, sei es durch neue gesetzliche Vorgaben oder durch Aktualisierungen seitens des Versicherers. Das Verständnis der eigenen Vertragspunkte, insbesondere von Ausschlüssen oder Bedingungen im Schadensfall, ist entscheidend. Regelmäßige Prüfungen helfen, im Fall eines Schadens die eigenen Rechte und Pflichten genau zu kennen, was unangenehme Überraschungen vermeiden kann.

Abschließend lässt sich sagen, dass regelmäßige Prüfungen der Versicherungen eine kluge Strategie sind, um sicherzustellen, dass der Versicherungsnehmer stets optimal geschützt ist. Sie bieten die Möglichkeit, den Versicherungsschutz an die individuellen Bedürfnisse und die aktuelle Marktsituation anzupassen. Durch das rechtzeitige Handeln können nicht nur finanzielle Risiken minimiert, sondern auch Kosten gesenkt werden. Eine proaktive Herangehensweise an die Versicherungsführung bringt nicht nur Sicherheit, sondern fördert auch ein bewusstes und informiertes Management der eigenen finanziellen Absicherung.

Erstellung eines Versicherungsplanes

Die Erstellung eines Versicherungsplans ist ein wesentlicher Schritt in der Finanzplanung. Ein strukturierter Versicherungsschutz hilft dabei, finanzielle Risiken zu minimieren und sicherzustellen, dass man im Falle eines Schadens ausreichend abgesichert ist. Ein fundierter Versicherungsplan sollte die individuellen Bedürfnisse, Lebensumstände und finanziellen Möglichkeiten des Versicherungsnehmers berücksichtigen und regelmäßig aktualisiert werden.

Zunächst ist es sinnvoll, eine **Bestandsaufnahme** der aktuellen Versicherungen durchzuführen. Hierbei sollten alle bestehenden Policen, deren Deckungssummen, Prämien und Vertragsbedingungen dokumentiert werden.

Diese Bestandsaufnahme ist der Ausgangspunkt für die weitere Planung und ermöglicht es, potenzielle Lücken im Versicherungsschutz zu identifizieren. Ferner sollten auch persönliche Daten, wie etwa Änderungen im sozialen oder beruflichen Umfeld, berücksichtigt werden, die einen Einfluss auf den benötigten Versicherungsschutz haben könnten.

Nach der Bestandsaufnahme sollte eine Bedarfsermittlung erfolgen. Dazu gehört die Analyse der persönlichen Risiken und der notwendigen Absicherung. Fragen wie „Welche Risiken bestehen in meinem Alltag?" und „Welche finanziellen Folgen könnten eintreten, falls ein Schadensfall eintritt?" helfen, den individuellen Bedarf zu definieren. Es ist ratsam, einen Unterschied zwischen Pflichtversicherungen, wie der Haftpflicht- oder Kfz-Versicherung, und optionale Policen, wie etwa eine Lebens- oder Unfallversicherung, zu ziehen.

Anschließend kann eine Marktrecherche durchgeführt werden, um die am besten geeigneten Versicherungsprodukte zu finden. Nutzen Sie Vergleichsportale, um verschiedene Anbieter und deren Leistungen zu vergleichen. Achten Sie hierbei auf die Deckungssummen, Vertragsbedingungen sowie mögliche Rabatte, die Ihnen möglicherweise zu Gute kommen können. Ein gut durchdachter Vergleich hilft nicht nur, das passende Produkt zu finden, sondern kann auch zu erheblichen Kostenersparnissen führen.

Ein zentraler Bestandteil des Versicherungsplans ist die Dokumentation aller Verträge und der dazugehörigen Informationen. Es empfiehlt sich, eine klare und übersichtliche Übersicht über alle Policen zu erstellen, die sowohl Details zu den Verträgen als auch zu den Zahlungsmodalitäten enthält. Diese Dokumentation sollte an einem leicht zugänglichen Ort aufbewahrt werden, sodass sie im Bedarfsfall schnell zur Hand ist. Auch die Festlegung von Erinnerungen für regelmäßige Prüfungen der Policen kann in die Dokumentation integriert werden.

Ein weiterer wichtiger Aspekt der Erstellung eines Versicherungsplans ist die Einbeziehung von Expertenmeinungen. In vielen Fällen kann die Unterstützung eines Versicherungsmaklers oder Finanzberaters hilfreich sein, um die besten Optionen zu finden und den individuellen Bedarf präzise einzuschätzen. Diese Fachleute können eine objektive Einschätzung der verfügbaren Produkte geben und helfen, den Plan an die persönlichen Bedürfnisse anzupassen.

Abschließend sollte der Versicherungsplan regelmäßig aktualisiert werden, um sicherzustellen, dass er den aktuellen Lebensumständen entspricht. Lebensereignisse wie Heiratsanträge, die Geburt eines Kindes oder eine Veränderung des Einkommens können eine Anpassung des Versicherungsschutzes erforderlich machen. Ein gut geplanter und regelmäßig überprüfter Versicherungsplan bietet dem Versicherungsnehmer nicht nur Sicherheit, sondern auch das Vertrauen, im Schadensfall gut abgesichert zu sein. Eine proaktive Herangehensweise an die Versicherungsplanung fördert die finanzielle Stabilität und maximiert den Schutz vor unvorhergesehenen Ereignissen.

Versteckte Kosten

Versteckte Kosten in Versicherungsverträgen können Versicherungsnehmer häufig in eine unangenehme Situation bringen. Diese versteckten Gebühren und Aufwendungen sind oft nicht auf den ersten Blick erkennbar und können die Gesamtkosten einer Versicherung erheblich erhöhen. Um finanzielle Überraschungen zu vermeiden, ist es entscheidend, die Vertragsbedingungen und möglichen Zusatzkosten genau zu verstehen und zu berücksichtigen.

Ein typisches Beispiel für versteckte Kosten sind die Selbstbeteiligungen. Viele Versicherungsverträge beinhalten eine Selbstbeteiligung, die der Versicherungsnehmer im Schadensfall tragen muss. Während eine niedrige Prämie attraktiv erscheinen mag, kann eine hohe Selbstbeteiligung bedeuten, dass der Versicherungsnehmer im Schadensfall erheblich zur Regulierung beitragen muss. Es ist wichtig, die Balance zwischen einer akzeptablen Prämie und einer tragbaren Selbstbeteiligung zu finden, um im Ernstfall keine unvorhergesehenen finanziellen Belastungen zu haben.

Ein weiterer Punkt sind Zusatzleistungen und Optionen, die zwar initial nicht als Kosten erscheinen, jedoch zusätzliche Gebühren mit sich bringen können. Ein Beispiel hierfür sind optionale Bausteine in der Rechtsschutzversicherung oder der Lebensversicherung, wie etwa der Einschluss von Deckungen für spezielle Risiken.

Versicherungsnehmer sollten beim Abschluss einer Polizze genau prüfen, welche Leistungen im Grundtarif enthalten sind und welche zusätzliche Kosten verursachen. Diese Zusatzleistungen können die Gesamtkosten der Versicherung unnötig in die Höhe treiben, wenn sie nicht wirklich benötigt werden.

Des Weiteren ist die Provisionsregelung ein Aspekt, der in vielen Versicherungsverträgen nicht direkt ersichtlich ist. Oftmals erhalten Vermittler oder Makler eine Provision, die in die Prämie eingerechnet wird. Dies führt dazu, dass Versicherungsnehmer in den meisten Fällen höhere Prämien zahlen, als sie es bei einem direkt bei der Gesellschaft abgeschlossenen Vertrag tun würden. Bei der Auswahl eines Versicherungsberaters sollte daher auch auf die Transparenz der Provisionsstruktur geachtet werden, um sicherzustellen, dass die Kosten fair und nachvollziehbar sind.

Auch die Änderungsgebühren sind ein wichtiges Thema. Bei vielen Versicherern entstehen Kosten, wenn beispielsweise die Versicherungssumme oder die Vertragsbedingungen geändert werden sollen. Solche Gebühren sind oft nicht Bestandteil der initialen Preisgestaltung, können jedoch in entscheidenden Momenten zu unerwarteten Ausgaben führen. Es ist ratsam, sich bereits beim Vertragsabschluss über die Möglichkeiten und die Kosten von Änderungen im Vertrag zu informieren.

Ein weiterer Punkt, der oft übersehen wird, sind die Gebühren im Schadensfall. Einige Versicherer erheben Kosten für die Bearbeitung von Schadensmeldungen oder für die Bereitstellung notwendiger Dokumente. Diese versteckten Gebühren können die Erwartungen der Versicherungsnehmer im Fall des Falles erheblich beeinflussen. Klärung und Transparenz über solche Bedingungen sollten bereits vor Abschluss des Vertrags erfolgen, um im Schadensfall keine bösen Überraschungen zu erleben.

Zusammenfassend lässt sich sagen, dass es bei der Wahl einer Versicherung von entscheidender Bedeutung ist, die Vertragsbedingungen gründlich zu überprüfen und sich bewusst mit den verschiedenen möglichen versteckten Kosten auseinanderzusetzen. Ein umfassendes Verständnis der Gebühren, Selbstbeteiligungen und möglichen Zusatzkosten kann dazu beitragen, böse Überraschungen zu vermeiden und eine fundierte Entscheidung zu treffen. Es lohnt sich, im Vorfeld Fragen zu stellen und sich gegebenenfalls rechtlichen oder finanziellen Rat einzuholen, um sicherzustellen, dass der gewählte Versicherungsschutz sowohl effektiv als auch kosteneffizient ist.

Musterbriefe

Musterbriefe sind ein wertvolles Hilfsmittel im Umgang mit Versicherungsunternehmen. Sie bieten eine strukturierte Vorlage für die Formulierung von Anfragen, Kündigungen oder Schadensmeldungen und helfen dabei, rechtliche und formelle Anforderungen zu erfüllen. Durch die Verwendung von Musterbriefen können Versicherungsnehmer sicherstellen, dass alle wichtigen Informationen klar und präzise kommuniziert werden.

Ein häufig verwendeter Musterbrief ist der Kündigungsbrief für eine Versicherungspolizze. In einem solchen Schreiben sollten die vollständigen Kontaktdaten des Versicherungsnehmers sowie die Vertragsnummer klar angegeben werden. Darüber hinaus ist es wichtig, den gewünschten Kündigungstermin und die Einhaltung der vertraglich vereinbarten Kündigungsfristen zu erwähnen. Ein klar strukturierter Kündigungsbrief sorgt dafür, dass die Anfrage reibungslos bearbeitet wird und Missverständnisse vermieden werden. Zudem sollte der Versicherungsnehmer um eine schriftliche Bestätigung der Kündigung bitten, um einen Nachweis für seine Unterlagen zu haben.

Ein weiterer nützlicher Musterbrief ist die Schadenmeldung. In einem solchen Schreiben sollte der Versicherungsnehmer alle relevanten Informationen zum Schadensfall einfügen, wie etwa Datum und Ort des Schadens, eine detaillierte Beschreibung des Vorfalls und insbesondere Informationen über die erlittenen Schäden. Zudem können Beweismittel, wie Fotos oder Zeugenaussagen, angeführt werden. Ein präziser und gut strukturierter Schadenmeldungsbrief erhöht die Wahrscheinlichkeit einer zügigen und fairen Schadensregulierung.

Für Kommunikationsangelegenheiten, wie zum Beispiel Anfragen zu Tarifen oder Versicherungsbedingungen, können Musterbriefe ebenfalls hilfreich sein. Diese Briefe können genutzt werden, um gezielte Fragen an den Versicherungsanbieter zu stellen, etwa zu Änderungen der Vertragskonditionen oder speziellen Angeboten. In diesen Schreiben sollte der Versicherungsnehmer klar und höflich formulieren, um eine schnelle und hilfreiche Antwort zu erhalten. Ein gut strukturierter Anfragebrief zeigt das Interesse des Versicherungsnehmers und erleichtert dem Anbieter die Bearbeitung.

Musterbriefe sind auch sinnvoll, wenn es um Reklamationen geht. Sollte es zu Unstimmigkeiten in der Vertragsabwicklung oder bei der Schadensregulierung kommen, kann ein Musterbrief für Reklamationen als Vorlage dienen. Hierbei ist es wichtig, die Gründe für die Reklamation deutlich darzulegen und gegebenenfalls auch rechtliche Schritte anzusprechen, falls die Angelegenheit nicht zufriedenstellend gelöst werden kann. Solche Briefe sollten stets sachlich und respektvoll formuliert werden, um die Chancen auf eine positive Lösung zu erhöhen.

Zusammenfassend lässt sich festhalten, dass Musterbriefe in Versicherungsangelegenheiten eine wertvolle Unterstützung bieten. Sie ermöglichen es, Informationen klar und präzise zu übermitteln und tragen dazu bei, dass Formvorgaben eingehalten werden. Darüber hinaus hilft die Verwendung von Musterbriefen, den Kommunikationsprozess zu strukturieren und rechtliche Aspekte zu berücksichtigen. Um die Effektivität dieser Vorlagen zu maximieren, sollten Versicherungsnehmer sicherstellen, dass alle persönlichen Daten regelmäßig aktualisiert und die Musterbriefe entsprechend der individuellen Situation angepasst werden.

[Ihr Name]
[Ihre Adresse] [PLZ, Ort]

[Versicherungsunternehmen]
[Adresse des Versicherungsunternehmens] [PLZ, Ort]

[Datum]

Betreff: Rücktritt vom Versicherungsvertrag

Sehr geehrte Damen und Herren,

hiermit trete ich von meinem Versicherungsvertrag mit der Vertragsnummer [Vertragsnummer einfügen] zurück. Der Vertrag wurde am [Datum des Vertragsabschlusses einfügen] abgeschlossen.

Gemäß den gesetzlichen Bestimmungen (z. B. nach § 8 VVG) und den im Vertrag aufgeführten Rücktrittsfristen halte ich mich an die Frist von 14 Tagen, innerhalb welcher der Rücktritt möglich ist. Ich bitte darum, mir den Eingang dieses Schreibens sowie die Bestätigung des Rücktritts schriftlich zu bestätigen.

Bitte lassen Sie mir zudem eine schriftliche Bestätigung über die Beendigung des Vertrags zukommen.

Für Rückfragen stehe ich Ihnen jederzeit gerne zur Verfügung.

Vielen Dank für Ihre Unterstützung.

Mit freundlichen Grüßen,

[Unterschrift (bei postalischer Versendung)]
[Ihr Name]

[Ihr Name]
[Ihre Adresse] [PLZ, Ort]

[Versicherungsunternehmen]
[Adresse des Versicherungsunternehmens] [PLZ, Ort]

[Datum]

Betreff: Kündigung meiner Haushaltsversicherung (Vertragsnummer: [Vertragsnummer einfügen])

Sehr geehrte Damen und Herren,

hiermit kündige ich meine Haushaltsversicherung mit der Vertragsnummer [Vertragsnummer einfügen] fristgerecht zum [gewünschtes Kündigungsdatum einfügen].

Ich bitte Sie, mir den Eingang dieser Kündigung sowie das Datum, an dem die Kündigung wirksam wird, schriftlich zu bestätigen.

Vielen Dank für Ihre Unterstützung.

Mit freundlichen Grüßen,

[Unterschrift (bei postalischer Versendung)]
[Ihr Name]

[Ihr Name]
[Ihre Adresse] [PLZ, Ort]

[Versicherungsunternehmen]
[Adresse des Versicherungsunternehmens] [PLZ, Ort]

[Datum]

Betreff: Anforderung der Versicherungspolice und der Bedingungen

Sehr geehrte Damen und Herren,

ich wende mich an Sie, da ich bisher keine Kopie meiner Versicherungspolice sowie der dazugehörigen Bedingungen für meinen Vertrag mit der Vertragsnummer [Vertragsnummer einfügen] erhalten habe, den ich am [Datum des Vertragsabschlusses einfügen] abgeschlossen habe.

Um sicherzustellen, dass ich über alle relevanten Informationen verfüge, bitte ich Sie, mir die genannten Dokumente umgehend zukommen zu lassen.

Vielen Dank für Ihre Unterstützung.

Mit freundlichen Grüßen,

[Unterschrift (bei postalischer Versendung)]
[Ihr Name]

Fragen und Antworten

Warum sollte ich meine Versicherungen regelmäßig kündigen oder überprüfen?

Regelmäßige Überprüfungen helfen, sicherzustellen, dass Ihre Policen Ihren aktuellen Bedürfnissen und Lebensumständen entsprechen. Kündigungen überflüssiger oder ineffizienter Verträge können zudem Kosten sparen und eine bessere Absicherung gewährleisten.

Wie erkenne ich, ob eine Versicherung für mich sinnvoll ist oder nicht?

Überprüfen Sie die Bedingungen und Leistungen Ihrer Polizzen. Stellen Sie fest, welche Risiken abgedeckt sind und ob die Prämien im Verhältnis zum gebotenen Schutz stehen. Wenn eine Versicherung nicht den gewünschten Schutz bietet oder unnötig teuer ist, könnte eine Kündigung sinnvoll sein.

Was sind die häufigsten Gründe für die Kündigung von Versicherungen?

Zu den häufigsten Gründen zählen Unzufriedenheit mit Leistungen, hohe Prämien im Vergleich zu ähnlichen Angeboten, Änderungen der Lebenssituation (z. B. Umzug, Heiratsantrag) und unzureichende Deckung im Schadensfall.

Was muss ich bei der Kündigung einer Versicherung beachten?

Achten Sie auf die vereinbarten Kündigungsfristen in Ihrem Vertrag sowie auf die Form der Kündigung (schriftlich oder online). Es ist auch ratsam, um eine schriftliche Bestätigung der Kündigung zu bitten.

Wie kann ich den besten Zeitpunkt für die Kündigung meiner Versicherung festlegen?

Der beste Zeitpunkt ist in der Regel vor Ablauf der Kündigungsfrist. Stellen Sie sicher, dass Sie ausreichend Zeit haben, um mögliche Alternativen zu vergleichen, um eine nahtlose Absicherung zu gewährleisten.

Was mache ich, wenn ich meine Versicherungspolice nicht finde?

Wenden Sie sich direkt an Ihre Versicherungsgesellschaft und fordern Sie eine Kopie der Police sowie der Allgemeinen Versicherungsbedingungen an. Sie haben ein Recht auf Einsicht in Ihre Verträge.

Kann ich meine Versicherungen auch ohne spezifischen Grund kündigen?

Ja, in der Regel können Sie ohne besonderen Grund kündigen, solange Sie die vertraglich vereinbarten Kündigungsfristen einhalten. Beachten Sie jedoch, dass einige Verträge Mindestlaufzeiten haben können.

Welche Alternativen habe ich, wenn ich unzufrieden mit meiner Versicherung bin?

Neben der Kündigung können Sie auch einen Tarifwechsel innerhalb der gleichen Versicherung in Betracht ziehen oder zu einem anderen Anbieter wechseln. Vergleichen Sie die verschiedenen Optionen, um den besten Versicherungsschutz zu finden.

Wo finde ich Unterstützung, wenn ich unsicher bin, wie ich meine Versicherungen managen soll?

In der Kündigungsfibel finden Sie praktische Tipps und Strategien. Zudem können Sie sich an unabhängige Versicherungsberater oder Finanzexperten wenden, die Ihnen helfen können, die richtige Entscheidung zu treffen.

Schlusswort

Im Verlauf dieses Buches haben wir gemeinsam einen umfassenden Überblick über Ihre Versicherungen gewonnen und die Grundlagen geschaffen, um informierte Entscheidungen über deren Notwendigkeit zu treffen. Die „Kündigungsfibel – Versicherungen ausmisten" dient nicht nur als Leitfaden zur Identifizierung überflüssiger Policen, sondern auch als Werkzeug, um Ihre finanziellen Ressourcen effizienter zu nutzen.

In einer zunehmend komplexen Versicherungslandschaft ist es entscheidend, dass Sie nicht nur wissen, welche Versicherungen Sie besitzen, sondern auch verstehen, welche davon für Ihre individuelle Lebenssituation von Bedeutung sind. Die Fähigkeit, kritisch zu hinterfragen, zu analysieren und gegebenenfalls anpassungsfähige Entscheidungen zu treffen, ist von unschätzbarem Wert.

Wir hoffen, dass die in diesem Buch erarbeiteten Strategien und Methoden Ihnen dabei helfen, Ihre Versicherungsportfolios so zu gestalten, dass sie den bestmöglichen Schutz bieten und gleichzeitig Ihren finanziellen Zielen gerecht werden. Das Ausmisten von Versicherungen ist ein Schritt in Richtung einer klareren und strukturierteren Finanzplanung.

Verlieren Sie nicht aus den Augen, dass eine regelmäßige Überprüfung und Anpassung Ihrer Versicherungen ein fortlaufender Prozess ist, der Sie in Ihrer persönlichen und finanziellen Entwicklung unterstützen kann. Machen Sie den Anfang noch heute und gestalten Sie Ihre Versicherungslandschaft aktiv mit. Wir wünschen Ihnen viel Erfolg auf diesem Weg.

Meine Internetpräsenz

Um stets auf dem neuesten Stand zu bleiben, lieber Leser, können Sie jederzeit die Websites stelzhammer.info oder https://www.instagram.com/stefan.stelzhammer besuchen und meine aktuellen Buchveröffentlichungen verfolgen.

In meinen Publikationen möchte ich Ihnen helfen, Ihre Konflikte eigenständig zu lösen und Ihnen dabei das erforderliche Wissen vermitteln. Zusätzlich stehe ich gerne für persönliche Termine zur Verfügung, um den Konflikt gemeinsam mit Ihnen zu besprechen.

Sofern Sie zu dem hier vorliegenden Werk Fragen, Anregungen, Lob oder Kritik haben, freuen wir uns über eine Kontaktaufnahme
unter www.stelzhammer.info oder per E-Mail
an mediation@stelzhammer.info.

Mit freundlichen Grüßen,
Stefan Stelzhammer

STEFAN.STELZHAMMER

Weiterführende Informationen

Als weiterführende Lektüre empfehle ich folgende Werke von mir zu lesen:

1. **Sparen Sie Geld und Nerven
   – die Rechtsschutzversicherung**
   ISBN-13 : 979-8873448036

2. **Schattenseiten der Versicherungen
   - Täuschung im Gerichtssaal**
   ISBN-13 : 979-8338323106

3. **Versicherungskündigung
   - Ihre Rechte im Blick**
   ISBN-13 : 979-8338069936

Alle meine Bücher finden Sie auch auf
www.amazon.de
oder unter
https://stelzhammer.info/publikationen

STEFAN STELZHAMMER

„Transparenz in der Versicherung ist der Schlüssel zu Sicherheit und Zufriedenheit. Befreien Sie sich von unnötigem Ballast und finden Sie den Schutz, der wirklich zu Ihnen passt."

www.ingramcontent.com/pod-product-compliance
Lightning Source LLC
Chambersburg PA
CBHW071102240526
45471CB00016B/2378